Burkard Sievers · Geheimnis und Geheimhaltung in sozialen Systemen

Studien zur Sozialwissenschaft

Band 23

Springer Fachmedien Wiesbaden GmbH

Burkard Sievers

Geheimnis und Geheimhaltung in sozialen Systemen

Springer Fachmedien Wiesbaden GmbH

ISBN 978-3-531-11256-5 ISBN 978-3-663-14422-9 (eBook)
DOI 10.1007/978-3-663-14422-9

Ursprünglich erschienen bei Westdeutscher Verlag GmbH, Opladen 1974.

Umschlaggestaltung: studio für visuelle kommunikation, Düsseldorf
Satz: M. Seifert, Erkrath

Inhalt

Für Colin Cherry's Hund Pym

„Es charakterisiert jedes Verhältnis zwischen zwei Menschen oder zwischen zwei Gruppen, ob und wieviel Geheimnis in ihm ist; denn auch wo der Andre das Vorliegen eines solchen nicht bemerkt, wird damit doch jedenfalls das Verhalten des Verbergenden, und also das ganze Verhältnis modifiziert."

Georg Simmel

Vorwort

Obgleich dem Geheimnis und der Geheimhaltung sowohl für den Bereich sozialen Alltagsverhaltens als auch in Organisationen und gesellschaftlichen Teilbereichen wie etwa dem politischen oder dem Wirtschaftssystem eine wichtige Bedeutung zukommt, und Geheimhaltungsinteressen nicht gerade selten sind, wird dieses Thema in der neueren Soziologie nur sporadisch behandelt. Daß Geheimhaltungsphänomenen grundsätzlich eine Relevanz für soziales Verhalten zukommt, gehört zwar zumindest seit den Arbeiten von Erving Goffman zu den soziologischen Allgemeinplätzen; ein genuin soziologisches Interesse an den Geheimhaltungsinteressen personaler und sozialer Systeme besteht jedoch kaum. Diese Diskrepanz zwischen sozialer und soziologischer Relevanz des Geheimnisses wird beispielsweise deutlich, wenn man den Umfang soziologischer Publikationen zu diesem Thema mit der Zahl deutscher juristischer Dissertationen vergleicht, die in den letzten Jahren zum Amts-, Berufs-, Post- oder Staatsgeheimnis erschienen sind oder sie der Fülle dokumentarischer bzw. populärwissenschaftlicher Arbeiten aus dem Bereich staatlicher Nachrichtendienste, industrieller Spionage sowie der Skandale in Politik, Wirtschaft oder Sport gegenüberstellt.

Während das Geheimnis vor allem in der älteren deutschen Soziologie eine gewisse Bedeutung gehabt hat und beispielsweise von Georg Simmel im Kontext seiner formalen Soziologie oder von Wilhelm Stok innerhalb der Beziehungslehre Leopold von Wieses thematisiert wurde, liegen die wenigen neueren Arbeiten, die sich überhaupt mit Geheimhaltungsphänomenen befassen, außerdem eher am Rande der theoretischen Entwicklung der gegenwärtigen Soziologie.

Eine Durchsicht der wichtigsten vorliegenden Arbeiten macht deutlich, daß das Problem der Geheimhaltung bislang ausschließlich interaktionistisch bzw. eher sozialpsychologisch angegangen wurde (I). Angesichts einer solchen generellen Beschränkung der Fragestellung wird in dieser Arbeit der Versuch unternommen, Geheimnis und Geheimhaltung als Kommunikationsphänomen im Kontext einer Theorie sozialer Systeme zu problematisieren, um so eine neue Sichtweise zu eröffnen (II). In einem ersten Ansatz erweist sich Geheimnis in kommunikations- und systemtheoretischer Perspektive als partielle Negation kommunikationsinterner Informationsmöglichkeiten, ohne daß dabei jedoch zugleich die Kommunikation als solche negiert wird. In einer eingehenderen, an die kommunikationstheoretischen Grundlagen der soziologischen Schizophrenieforschung der Palo Alto Gruppe um Bateson und Watzlawick angelehnten Betrachtungsweise erfahren Mitteilungen im Kontext von Geheimhaltung eine besondere Qualifikation. Geheimnis kann somit verstanden werden als Modus potentieller oder aktueller Mitteilungen, der dem Geheimhaltenden die Retention von in einer Kommunikation relevanten Bewußtseinsinhalten ermöglicht. Für den Fall, daß eine Geheimhaltung vor anderen verborgen bleiben soll, kann diese schließlich reflexiv werden.

Je nach dem jeweiligen Systemkontext differieren die Möglichkeiten einer Geheimhaltung sowie ihre Funktionen und Folgen. In einfachen Sozialsystemen (III), deren Strukturmerkmal in der wechselseitigen Wahrnehmbarkeit unter Anwesenden besteht, bleibt Geheimnis vorwiegend auf eine Strategie *personaler* Systeme beschränkt. Geheimhaltung als Strategie eines *sozialen* Systems ist ausgeschlossen, solange ein einfaches Sozialsystem nicht aufgrund zusätzlicher Abstraktionsleistungen eine Handlungsfähigkeit als System erreicht. Die besondere Relevanz, die dem Geheimnis als Strategie sozialer Systeme zukommt, wird am Beispiel von Organisationen aufgezeigt (IV). Dabei gilt es, deutlich zwischen den offiziellen Geheimhaltungsinteressen einer Organisation und solchen Geheimhaltungen zu unterscheiden, die sich formal nicht legitimieren lassen, auf die eine Organisation jedoch gleichwohl angewiesen ist, um faktisches Handeln zu ermöglichen. Wenngleich einer formalen Geheimhaltung in Organisationen in der Regel eine eher marginale Bedeutung zukommt, läßt sich doch andererseits eine solche Geheimhaltung nicht unbeschränkt ausweiten, ohne an Effektivität zu verlieren und dysfunktionale Folgen entstehen zu lassen. – Auf eine Darstellung der besonderen Erscheinungsweisen, Funktionen und Folgeprobleme, die dem Geheimnis und der Geheimhaltung in einzelnen gesellschaftlichen Subsystemen wie dem der Politik, der Wirtschaft oder der Familie und dem sie umgebenden Intimbereich zukommen, muß hier verzichtet werden, weil das den Rahmen der vorliegenden Arbeit sprengen würde.

Abschließend werden die speziellen Probleme und Möglichkeiten aufgezeigt, die sich ergeben, wenn Geheimhaltungen selbst wieder zum Gegenstand von Geheimhaltung werden (V). Um ein Geheimnis derart reflexiv werden zu lassen, bedarf es meist zusätzlicher Verstellungen, Lügen oder sonstiger Täuschungsmanöver.

Daß diese Arbeit aus einer entsprechenden Themenstellung durch Niklas Luhmann im Rahmen einer früheren Diplomklausur entstanden ist und darüber hinaus Niklas Luhmann und Otthein Rammstedt wichtige Anregungen und wiederholte Kritik verdankt, soll nicht verheimlicht werden.

I. Geheimnis in handlungstheoretischer Perspektive – Fragestellungen bisheriger Ansätze

1. Geheimnis als Wissen um Nichtwissen: Georg Simmel

Das Verdienst, Geheimnis und Geheimhaltung in den soziologischen Objektbereich gestellt zu haben, kommt wohl Georg Simmel und seiner Arbeit ‚Das Geheimnis und die geheime Gesellschaft'[1] zu. Entsprechend dem Simmel'schen Soziologieverständnis als einer Wissenschaft von den *Formen sozialer Wechselwirkung*, ihren Bedingungen, Funktionen, gegenseitigen Beziehungen und Wandlungen findet das Geheimnis ein soziologisches Interesse im Kontext eines wechselseitigen Wissens der Interaktionspartner voneinander sowie um die gemeinsame Situation, das aller gesellschaftlichen Wechselwirkung vorausliegt. Mit diesem Wissen ist das Geheimnis zugleich konstitutiv verbunden; denn das Wissen um den anderen als Individuum – nicht als Typ – muß, wenn es umfassend und seinem Objekt angemessen sein soll, immer auch das Wissen um die Inadäquatheit und Unvollständigkeit dieses Wissens implizieren. Wissen muß zugleich Wissen um wissensmäßig Unzugängliches, um Geheimnis, sein. In dieser generellen Form bedarf das Geheimnis des Vertrauens als notwendiger Ergänzung, um Handeln überhaupt zu ermöglichen. Als hypothetischer Versuch überbrückt das Vertrauen[2] mit Hilfe des eigenen Wissens das eigene Nichtwissen um den anderen und ermöglicht so erst soziales Handeln. Sowohl für den Eingeweihten wie für den Nichteingeweihten bedeutet das Geheimnis ein Wissen um Nichtwissen. Wer ein Geheimnis wahrt oder in es eingeweiht ist, weiß damit zugleich, daß andere über dieses Wissen nicht verfügen. Der Nichteingeweihte, der zwar um die Tatsache des Geheimnisses weiß, weiß damit zugleich auch, daß dessen Inhalt ihm wissensmäßig verborgen ist.

Geheimnis ist für Simmel jene ‚soziologische Form', die erst eine Differenzierung von Öffentlichkeit und Privatheit ermöglicht; jene ‚soziologische Technik', jene „Form des Handelns, ohne die angesichts unseres sozialen Umgebenseins gewisse Zwecke überhaupt nicht erreichbar sind".[3] Durch die Grenze, die das Geheimnis zwischen Menschen und Gruppen errichtet, ermöglicht es erst deren Identifizierung und Differenzierung. Die Funktion des Geheimnisses besteht zunächst darin, sowohl zwischen Menschen als auch zwischen verschiedenen Gruppen einen Teil der intern aktualisierten Wirklichkeit zu verbergen. Geheimnis stellt insofern einen wesentlichen Bestandteil *aller* sozialen Beziehungen dar, als es Voraussetzung der Wechselwirkung zwischen Wissenden und Nichtwissenden ist. Während das Geheimnis im Simmel'schen Verständnis ein allgemeines Element sozialer Wechselbeziehungen von Individuen und Gruppen darstellt, wird es im Falle geheimer Gruppen und Gesellschaften zum dominierenden Moment interner Integration sowie der Segregation gegenüber anderen Gruppen und Nichtmitgliedern und somit wesentliches Konstituens der Autonomie derartiger sozialer Gruppen. Für die geheime Gesellschaft wird das Geheimnis zu einem bestimmenden Kriterium der Wechselbeziehungen ihrer Mitglieder untereinander sowie zu anderen gesellschaftlichen Gruppen [4].

Entsprechend der Absicht Simmels, nur eine ‚ungefähre' Umgrenzung des Geheimnisses zu geben und damit bewußt auf einen Definitionsversuch zu verzichten, bleibt das Phänomen des Geheimnisses und der Geheimhaltung in seiner soziologischen Relevanz bei Simmel relativ unspezifisch. Einerseits versucht er das Geheimnis einem Kontinuum von Wahrheit und Lüge zuzuordnen, andererseits unterscheidet er jedoch nicht zwischen einem anderen bewußt vorenthaltenen Wissen und einem Wissen, das sich dem kognitiven Zugriff etwa deshalb entzieht, weil es das Potential und die Kapazität des erkennenden Individuums übersteigt.

Die Generalisierung Simmels, daß alles, was nicht offenbart wird, deshalb auch nicht gewußt werden darf und somit Geheimnis ist[5], kann in dieser Form nicht aufrechterhalten werden, weil die Offenbarung bzw. die Mitteilung des eigenen Wissens in konkreten sozialen Beziehungen offensichtlich nicht ausschließlich dem Selektionskriterium des Geheimnisses unterliegt, sondern mitbestimmt wird von der aktuellen Aufmerksamkeit der Handelnden, ihren Interessen und ihren Erwartungen sowie der jeweiligen Beziehungsrelevanz des Wissens.

Neben der Unspezifität des Simmel'schen Geheimnisbegriffes ist vor allem dessen enge Verknüpfung mit den Kategorien Wissen und Nichtwissen in Frage zu stellen und bedarf einer Modifizierung. Unabhängig von einzelnen Einwänden und erforderlichen Spezifikationen scheint die zentrale Erkenntnis der Simmel'schen Auseinandersetzung mit dem Geheimnis vor allem darin zu liegen, daß es „jedes Verhältnis zwischen zwei Menschen oder zwischen zwei Gruppen (charakterisiert), ob und wieviel Geheimnis in ihm ist; denn auch wo der Andre das Vorliegen eines solchen nicht bemerkt, wird damit doch jedenfalls das Verhalten des Verbergenden, und also das ganze Verhältnis modifiziert".[6]

2. Geheimnis als soziale Disposition: Wilhelm Stok

Einer Spezifikation dieser Charakterisierung sozialer Beziehungen durch Geheimhaltung sowie des Geheimnisbegriffes gilt das besondere Interesse Wilhelm Stoks in seiner Arbeit ‚Geheimnis, Lüge, Mißverständnis'.[7] Sie stellt den bislang interessantesten und auch stringentesten Versuch einer soziologischen Auseinandersetzung mit dem Geheimnis dar. Wie Leopold von Wiese versteht Stok Soziologie als Wissenschaft von den sozialen Beziehungen. Außer auf Georg Simmel und Eugène Dupréel als frühere Vertreter eines beziehungswissenschaftlichen Ansatzes, basiert Stok auf Theodor Litt und dem von ihm entwickelten Konzept der Perspektivenreziprozität. Wie dieser bemüht er sich um eine Integration psychologischer Erkenntnisse. Der soziologische Ansatz v. Wieses erfährt durch Stok eine Ergänzung durch die Analyse des Zustandekommens der sozialen Beziehungen im wechselseitigen Verstehen, der ‚subjektiven Seite zwischenmenschlicher Beziehungen'.[8] Grundlegend für seine Darstellung des Geheimnisses ist der Begriff der ‚sozialen Disposition', unter den der Geheimnisbegriff subsumiert wird. ‚Soziale Dispositionen' „sind ‚seelische Gegebenheiten' der Partner, die sich an den für die ‚volle Beziehung' konstitutiven ‚Wechselwirkungen' nicht beteiligen, trotzdem aber für die Beziehung selbst von Belang sind".[9] Dabei kann die Nichtaktualisierung derartiger ‚seelischer Gegebenheiten' sowohl auf seiten des aktuell Handelnden als auch auf seiten des wahrnehmenden Partners ihre Ursache finden.

Je nachdem, ob der Mitteilende seelische Grundbeziehungen in bezug auf den anderen aus der Mitteilung ausklammert oder ob der andere die auf ihn gerichteten Mitteilungen nur selektiv versteht, ist zwischen Retention und Aussperrung zu unterscheiden. Zum Geheimnis wird eine beabsichtigte Retention[10] dann, wenn der Handelnde „Seelisches, das auf Sachliches abzielt"[11], über dessen sinnhafte und normative Bezogenheit auf den jeweiligen Inhalt der Handlung sich der Handelnde bewußt ist, aus dem Inhalt der Beziehung ausschließt und ihr widerrechtlich entzieht. „Fällt der Anspruch auf die Mitteilung fort, dann liegt auch kein Geheimnis mehr vor. Es handelt sich um eine private, diskrete Angelegenheit."[12] Ihr Extrem findet die Verheimlichung im Inkognito, wenn der Handelnde zwar faktisch anwesend ist, sich dennoch in Hinblick auf seine Identität der Mitteilung entzieht. Die beabsichtigten Retentionen können sowohl auf einem Willensakt des Handelnden als auch auf seelischen und äußeren sozialen Bedingungen wie der normativen und sozialen Struktur der Gebilde selbst beruhen.

Um die Negation der Mitteilung als solche vor dem Partner zu verbergen, muß der Geheimhaltende eine ‚Disposition mit Überbau' verwenden, d. h. sich der Lüge, Täuschung und Verstellung bedienen, die ihrerseits wieder durch zusätzliche Stützlügen abgesichert werden können. Die ursprüngliche Retention als Negation der Mitteilung kann so eine prinzipiell unbegrenzte Expansionstendenz annehmen. Darin unterscheidet sich die Retention kaum von einer Negation der Rezeption in der Form der Aussperrung, wodurch die Tatsache einer möglichen Wahrnehmungsverzerrung der eigenen Wahrnehmung entzogen werden kann. Eine ähnliche Expansion wie die der Retention kann für die Aussperrung dadurch zustandekommen, daß die ‚Bereitschaft zum Mißverstehen' als Mißtrauen generalisiert wird. Retention und Aussperrung können sich auch gegenseitig bedingen, wenn etwa die mangelhafte Äußerung des einen einen Verständnisdefekt des anderen bedingt oder aber die antizipierte Aussperrung auf seiten des Verstehenden geradezu die Retention des Mitteilenden bedingt.

Wenn auch die Dispositionen analytisch von der sozialen Beziehung getrennt werden, so besteht die eigentliche soziologische Relevanz gerade darin, daß die Disposition als Defekt der sozialen Beziehungen diese selbst wieder modifiziert und Folgeprobleme entstehen läßt, die es im weiteren Beziehungsverlauf zu bewältigen gilt.

Der Inhalt der Beziehung wird durch die Disposition insofern beeinflußt, als etwa das Geheimnis zwar einen Bereich aus dem Inhalt der Beziehung ausklammert, jedoch selbst „in die Beziehung hineingehört"[13] und somit die Beziehung inhaltlich bestimmt. Gegenüber einem diskreten, in der Verfügung der einzelnen Partner stehenden und wechselseitig als für die Beziehung nicht relevant anerkannten Bereich gehört der sekrete Bereich, d. h. das Geheimnis, als potentieller Inhalt zugleich zum aktuellen Inhalt der Beziehung. Umgekehrt ist es gleichfalls möglich, daß die Beziehung die Form und die Intensität der sozialen Dispositionen bestimmt und modifiziert.

Ähnlich wie zuvor schon Simmel betont auch Stok die Modifikation, die die soziale Beziehung durch die Geheimhaltung eines oder beider Partner erfährt. Bei Stok erhält darüber hinaus jedoch der Begriff des Geheimnisses in doppelter Hinsicht eine wesentliche Spezifikation: Bestimmendes Kriterium des Geheimnisses ist nicht mehr Wissen bzw. Nichtwissen, sondern die Mitteilung bzw. Nichtmitteilung ‚seelischer Gegebenheiten'. Eine weitere Präzisierung erfährt der Geheimnisbegriff dadurch, daß das der sozialen Beziehung Vorenthaltene für diese von Belang sein muß und diesem Geheimnisinhalt auf seiten des Partners der Anspruch auf Mitteilung gegenübersteht. Erwartbar wird dieser Anspruch auf Mitteilung von seiten des Partners z. T. dadurch, daß häufig bereits unabhängig von der konkreten Beziehung die Mitteilung bzw. Nichtmitteilung durch Scham, Takt oder Höflichkeit entweder ‚reguliert' ist, oder daß die Mitteilung, die der Adressat vom Absender erwartet, ins Vorhinein antizipiert werden kann.

Die Einschränkung, die der Geheimnisbegriff bei Stok dadurch erfährt, daß er sich ausschließlich auf „Seelisches, das auf Sachliches abzielt" bezieht, erscheint nicht zwingend und könnte durch einen Verzicht auf den ausschließlich psychologisch konzipierten Begriff der Disposition umgangen werden. In diesem überwiegend psychologischen Verständnis sozialen Handelns liegt zugleich ein Grund dafür, daß das Geheimnis bei Stok ausschließlich als Strategie von Individuen bzw. Personen verstanden wird, was noch dadurch verstärkt wird, daß der Begriff der sozialen Beziehung, der – so zumindest bei Stok – keine Handlungsebene zwischen Gruppen zuläßt. Wenngleich auch auf die Präzisierung, die der Geheimnisbegriff durch die Mitteilungsnegation angesichts von Mitteilungserwartungen bei Stok erfährt, für eine weitere soziologische Auseinandersetzung mit dem Geheimnis nicht verzichtet werden darf, so erscheint doch Stoks Darstellung aufgrund des psychologischen Reduktionismus und der Vernachlässigung positiver Funktionen der Geheimhaltung insgesamt eher als ein Beitrag zur Pathologie des Sozialen und insofern als eine inadäquate Verkürzung.

3. Geheimnis als Selbstdarstellungsstrategie: Erving Goffman

Auf Geheimhaltungs- und Verbergungsphänomene geht Erving Goffman in nahezu allen seinen Arbeiten mehr oder weniger deutlich ein. Am ausführlichsten geschieht dies wohl im Kontext von Selbstdarstellungsproblemen im Alltag und bei der Beschreibung jener Techniken und Strategien, deren sich Stigmatisierte, die aufgrund eines körperlichen oder sonstigen Gebrechens von einer vollständigen sozialen Akzeptierung ausgeschlossen sind, zur Verheimlichung und Überspielung ihrer Stigmen bedienen [14]. Als Bezugsrahmen seiner Analyse verwendet Goffman eine *Theorie sozialer Interaktion.* Wenngleich er auch gelegentlich auf einen Systembegriff rekuriert, so lehnt er doch bewußt eine systemtheoretische Perspektive und die in ihr mögliche höhere Abstraktion ab. Stattdessen greift er, wenn die Reichweite des Interaktionsansatzes sich als allzu gering erweist, zu einer Theateranalogie, deren Abstraktionsleistung jedoch ebenfalls gering ist. Goffmans Theateranalogie beschränkt sich vorwiegend auf die verschiedenen Bühnenbereiche und ihre unterschiedliche Einsehbarkeit von seiten der Zuschauer. In einer Kritik Goffmans machen Glaser und Strauss ferner darauf aufmerksam, daß er sich in seinem dramaturgischen Ansatz auf das Ensemble der Schauspieler beschränke und das Drama als solches und damit zugleich die Kontinuität, Geschichte und den Systemkontext der jeweiligen Interaktion außer acht lasse [15]. Durch die Dominanz des Verhaltens in der sozialen Situation werden zudem die zeitliche Dimension der Interaktion als deren Kontinuität und die sich daraus ergebenden Probleme vernachlässigt. Im Vordergrund des Goffman'schen Interesses an situativem Verhalten stehen eher Möglichkeiten und Strategien der gegenseitigen Wahrnehmung als Aspekte und Probleme gemeinsamer Kommunikation. Sein Interaktionsansatz kann zwar mit einigen Modifikationen auf komplexere Systeme übertragen werden; den Zusammenhang von Interaktionen und umgreifenderen und komplexeren Systemen läßt Goffmann jedoch völlig außer acht.

Jede Interaktion impliziert für Goffman – und darin ähnelt er Simmel – die Notwendigkeit der gegenseitigen Information der Interaktionspartner. Das eigene Verhalten und Handeln gewährt dem anderen bzw. den Zuschauern einen Eindruck vom Handelnden und zwar unabhängig davon, ob dieser intendiert ist oder nicht. Indem die eigene Selbstdarstellung sich an den Erwartungen des anderen von dieser Darstellung orientiert, versucht der eine Interaktionspartner Einfluß auf den Eindruck zu nehmen, den der andere von ihm hat. Entsprechend der Vorstellung, die der Handelnde von sich selbst hat, und wie er sie vom anderen in bezug auf sich voraussetzt, müssen in der Interaktion jene Ereignisse tunlichst vermieden werden, die die eigenen und gemeinsamen Erwartungen und Vorstellungen infrage stellen würden. Um derartige Konfusionen und Momente der Verlegenheit[16] zu umgehen, ist es durchaus üblich, daß sich die Partner untereinander in der Aufrechterhaltung ihrer Darstellungen und Situationsdefinitionen stützen. Daß die eigene Verheimlichung und Idealisierung an den Erwartungen des anderen und seinen Erwartungserwartungen orientiert ist, impliziert zumeist – weil die Tatsache der Verheimlichung sich als solche häufig gar nicht verheimlichen läßt –, daß man vom anderen die Akzeptierung der Verheimlichung erwarten bzw. unterstellen kann, daß der andere seinerseits die Wahrnehmung der Verheimlichung seines Partners stillschweigend übergeht und verheimlicht. Was für die Darstellungsmanipulation, deren gegenseitige Unterstützung und die damit verbundene Verheimlichung in bezug auf einzelne Personen gilt, hat in ähnlicher Weise auch für Ensemble Gültigkeit, die untereinander oder vor Zuschauern interagieren.

Goffmans Interesse am Geheimnis bleibt ausschließlich auf dessen Relevanz für die Manipulation von Eindrücken und Darstellungen auf der personalen Ebene im Kontext der Interaktion beschränkt. Auch der Versuch einer Spezifizierung unterschiedlicher Geheimnistypen, wie Goffman ihn unternimmt[17], erbringt kaum mehr als eine Taxonomie. Für eine weitere Auseinandersetzung mit dem Geheimnis sind somit auch eher allgemeinere Implikationen des Goffman'schen Interaktionsansatzes von Bedeutung. So etwa die grundlegende Einbeziehung nicht nur der jeweiligen Erwartungen der Interaktionspartner, sondern auch der Erwartung fremder Erwartungen, sei es, daß sie sich auf die gemeinsame Situation, sei es, daß sie sich auf die eigenen Erwartungen beziehen. Neben dieser Einbeziehung der reflexiven Erwartungsebene verdient auch der Informationsaustausch in Interaktionsprozessen weitere Aufmerksamkeit.

4. Geheimhaltung im 'awareness-context': Barney G. Glaser und Anselm L. Strauss

Während bei Goffman die Bedeutung der eigenen Identität für den Handelnden innerhalb der Interaktion, in der der Handelnde sich um eine möglichst günstige Selbstdarstellung bemüht, nicht weiter hinterfragt wird, wird diese im Rahmen des *'awareness-context'*, den Barney G. Glaser und Anselm L. Strauss der Betrachtung sozialer Interaktionen zugrundelegen[18], zum Problem und Unsicherheitsfaktor. Die Autoren gehen davon aus, daß dem Handelnden sowohl die Identität seines Partners wie auch die eigene Identität, die er in dessen Augen besitzt, unbekannt und fragwürdig sein können. Aus dem Wissen um die Identität des anderen sowie aus dem Wissen um die eigene Identität in den Augen des anderen lassen sich je nach derem jeweiligen Konvergenzgrad unterschiedliche Stadien des Bewußtseins für die Interaktionspartner ableiten: „Ein 'open-awareness-context' entsteht, wenn jeder Interaktionspartner um die wahre Identität des anderen sowie um die eigene Identität weiß, die er in den Augen des anderen hat. Ein 'closed-awareness-context' liegt dann vor, wenn ein Partner entweder die Identität des anderen oder dessen Sichtweise von seiner Identität nicht kennt. Ein 'suspicion-awareness-context' ist eine Abwandlung des 'closed-awareness-context': ein Partner kann die wahre Identität des anderen oder des anderen Sichtweise seiner eigenen Identität bzw. beides nur vermuten. Ein 'pretense-awareness-context' stellt eine Abwandlung des 'open-awareness-context' dar: beide Interaktionspartner wissen genau um einander, verhalten sich jedoch so, als wüßten sie es nicht."[19] Je nachdem, ob und wieviel ein Partner um die Identität des anderen sowie um dessen Wissen um die eigene Identität weiß, zwar weiß, aber nicht zu wissen vorgibt, lediglich vermutet oder überhaupt nicht weiß, verändert sich die der Interaktion zugrundeliegende Situation. Die verschiedenen Bewußtseinskontexte stellen unterschiedliche Anforderungen an diejenigen, die an ihnen teilhaben, machen unterschiedliche Maßnahmen und zusätzliche Interaktionen mit anderen Partnern erforderlich, haben unterschiedliche Stabilität und Reversibilität und zeitigen divergierende Folgen.

Ein solcher 'awareness-context' hat gegenüber einem bloßen Interaktionsansatz den Vorteil, daß er sowohl das jeweils umgreifende System und seine Strukturen als auch langfristigere Interaktionen sowie deren Abhängigkeit vom jeweiligen Kontext und deren entsprechende Modifikationen einzubeziehen vermag.

Mit Ausnahme des 'open-awareness-context' erlauben die übrigen Kontexte in unterschiedlichem Ausmaß einseitige oder gegenseitige Täuschung und Verheimlichung und modifizieren dadurch die Interaktion sowie möglicherweise auch wiederum den zugrundeliegenden Kontext. Außer durch eine Reduzierung der Interaktion auf ein notwendig bleibendes Minimum, durch quantitative Beschränkung sowie durch die Aussperrung bestimmter Inhalte, Fragestellungen oder auch Zeiten[20] läßt sich eine solche Geheimhaltung häufig auch dadurch erreichen, daß dem Nichtwissenden gewisse Erfahrungen fehlen, systematisch vorenthalten werden oder deren gegenwärtige Aktualisierung aus der Vergangenheit erschwert wird [21]. Innerhalb dieses 'awareness-context' ist es möglich, dem anderen bewußt Informationen über die eigene Identität sowie über das Wissen anderer um seine eigene Identität vorzuenthalten. Die empirische Anwendbarkeit und Reichweite dieses Ansatzes wurde von Glaser und Strauss am Beispiel sterbenskranker bzw. sterbender Patienten in Krankenhäusern überprüft und weitgehend bestätigt.[22]

Insgesamt scheint die Berücksichtigung des 'awareness-context' für die Analyse sozialer Interaktionen offensichtlich geeignet, einen Beitrag zu einer Soziologie des Geheimnisses sowie der Strategien und Folgeprobleme der Geheimhaltung zu erbringen. Eine umfassende Betrachtung des Geheimnisses, seiner Funktionen und Folgeprobleme kann er jedoch nicht leisten.

5. Zentrale Problemstellungen und Kritik

Der kurze Überblick bisheriger Darstellungen des Geheimnisses bzw. solcher soziologischer Ansätze sozialen Handelns, die Geheimhaltungsphänomene implizieren, macht deutlich, daß das Geheimnis bislang ausschließlich aus der Perspektive von Handlungstheorien betrachtet worden ist. Zwar unterscheiden sich diese Theorien und die ihnen zugrundeliegenden Fragestellungen je nachdem, ob nach den Formen der Wechselwirkung, den psychischen Grundlagen sozialer Beziehungen, dem 'impression management' in sozialen Situationen und dessen Orientierung an den gemeinsamen Erwartungen der Interaktionspartner oder ob nach dem wechselseitigen Wissen der Handelnden um die Identität des Partners und ihre eigene Identität in den Augen des anderen gefragt wird. Doch stimmen sie darin mehr oder weniger überein, daß die aufeinander bezogenen Handlungen der Interaktionspartner nicht als Bezugsgröße eigener Art, als System, betrachtet werden. Mit Ausnahme von Simmel bleibt die Bedeutung des Geheimnisses in sozialen Interaktionen dementsprechend auch auf die Personen der Handelnden, ihre Verunsicherung durch das Geheimnis des anderen und daraus resultierende Reaktionen beschränkt. Von der Mehrzahl der Autoren wird zwar konstatiert, zwischen dem Geheimnis und der sozialen Beziehung bzw. Interaktion bestehe ein Kausalzusammenhang derart, daß allein die Tatsache, daß auch nur einer der Partner geheim halte, bereits das soziale Verhältnis als ganzes modifiziere. Allerdings bleibt dabei weitgehend unbestimmt, welcher Art diese Modifikation ist und welche Folgen sie für den gemeinsamen Handlungskontext wie für die Interaktionspartner entstehen läßt.

Über die Unzulänglichkeit des theoretischen Bezugsrahmens hinaus bleibt auch die begriffliche Bestimmung des Geheimnisses in hohem Maße undeutlich. Das mag z. T. sicherlich – so etwa bei Goffman und Glaser/Strauss – dadurch zu erklären sein, daß das Geheimnis nicht im Brennpunkt des jeweiligen soziologischen Interesses steht. Nur die Arbeit von Stok stellt in dieser Hinsicht eine Ausnahme dar. Wenngleich seine Bestimmung des Geheimnisinhaltes als ,seelische Gegebenheiten, die auf Sachliches abzielen' in dieser Beschränkung für eine allgemeinere Bestimmung des Geheimnisses als zu speziell nicht beibehalten werden kann, so stellen doch die von Stok geforderte Beziehungsrelevanz des Geheimnisinhaltes und das notwendige Vorhandensein von Mitteilungsansprüchen auf seiten des Partners konstitutive Elemente dar, auf die eine Begriffsbestimmung des Geheimnisses nicht verzichten können wird. Zugleich erscheint damit im Gegensatz zum bloßen Nichtwissen bzw. Nichtwissenkönnen das Moment des Nichtwissenlassens, d. h. der Nichtmitteilung, als das zentrale Kriterium einer soziologischen Betrachtungsweise von Geheimnissen. Damit entfallen Geheimnisse der Natur, die weder Probleme stellen noch Geheimnisse haben kann[23], oder ein Verständnis Gottes als des ‚ganz Anderen', als totalem Geheimnis[24], als Möglichkeit einer soziologischen Fragestellung.

Für eine funktionale Begriffsbestimmung, die im folgenden versucht werden soll, sind somit aus der Betrachtung bisheriger Ansätze vor allem vier Merkmale des Geheimnisses zu übernehmen: (1) die Nichtmitteilung, (2) die Beziehungsrelevanz seines Inhaltes, (3) die Mitteilungserwartungen auf seiten der Partner und (4) die Modifizierung des Handlungskontextes durch die Tatsache der Geheimhaltung. Diese Merkmale bedürfen einer Spezifizierung sowie der Überprüfung auf ihre Vollständigkeit. Unbeantwortet geblieben ist dabei bisher vor allem die Frage, wie der Inhalt des Geheimnisses formal bestimmt werden kann. Um die Funktion des Geheimnisses nicht nur für den Handelnden sondern auch für den Handlungskontext bestimmen zu können, muß die Ausschließlichkeit der Interaktionsperspektive zugunsten einer Theorie von Handlungssystemen aufgegeben werden.

II. Geheimnis in kommunikations- und systemtheoretischer Perspektive

1. Geheimnis und Kommunikation

Wenn statt des Nichtwissens die Nichtmitteilung das zentrale Moment für eine soziologische Betrachtungsweise des Geheimnisses darstellt, ist mit dieser Nichtmitteilung zugleich immer schon auf einen Mitteilungskontext verwiesen und zwar unabhängig davon, ob dieser Mitteilungskontext aktuell erlebt wird oder als künftiger bzw. nur als generell möglicher antizipiert wird. Der Begriff der Mitteilung aber impliziert eher den Begriff der Kommunikation als den der Interaktion. Der Interaktionsbegriff ist umfassender; er impliziert neben der Kommunikation eine Vielzahl weiterer Aspekte, wie etwa den der Selbstdarstellung der Interaktionspartner, der Solidarisierung, der Versicherung und Festigung wechselseitigen Vertrauens oder der emotionalen Expressivität und Stabilisierung [25]. Die spezifische Funktion der Kommunikation besteht in der einfachen oder wechselseitigen Mitteilung von Nachrichten und Signalen und bietet den Teilnehmern damit die Möglichkeit der Information [26]. Daß Nachrichten überhaupt Informationscharakter gewinnen können, setzt eine Selektion aus der Vielzahl von Informationsmöglichkeiten voraus, die jede Nachricht impliziert. Einer solchen Selektion liegt Sinn als Selektionskriterium zugrunde. In eben dieser Selektion von Möglichkeiten, in ihrer Reduktion zu Information bei gleichzeitigem Verweis über die aktuellen Möglichkeiten hinaus auf potentielle, liegt die Funktion von Sinn und damit zugleich das besondere Potential sinnverwendender Systeme. Sinnverwendende Systeme, die im Prozeß der Kommunikation die Information der Teilnehmer ermöglichen, sind soziale Systeme. Soziale Kommunikation verweist also generell auf den Kontext sozialer Systeme. Wie alles soziale Handeln ist Kommunikation nur in sozialen Systemen möglich. Insofern als das Geheimnis als Nichtmitteilung auf einen Mitteilungskontext sowie auf andere Kommunikationsteilnehmer verweist, erscheint Geheimhaltung damit als ein Problem, das es innerhalb von sozialen Systemen im Prozeß der Kommunikation zu bewältigen gilt.[27]

Indem soziale Kommunikation zum zentralen Thema einer soziologischen Betrachtung des Geheimnisses wird, läßt sich gegenüber beziehungswissenschaftlichen oder interaktionistischen Betrachtungsweisen eine Spezifikation der Bezugsebenen erreichen. Das erlaubt in bezug auf das Geheimnis eine abstraktere Fragestellung und differenziertere Problemstellung. So kann etwa innerhalb des Kommunikationssystemansatzes unterschieden werden, ob es sich bei dem Geheimhaltenden um ein personales oder soziales System handelt, welche Probleme sich im Prozeß der kommunikativen *Konstitution* des Geheimnisses im Vergleich zur Geheimnis*wahrung* innerhalb von Kommunikationen ergeben, welche Funktionen das Geheimnis für denjenigen hat, von dem es gewahrt wird, sowie für den, dem es vorenthalten wird, und welche Folgeprobleme sich daraus jeweils ergeben. Weiterhin kann der Aspekt der Kommunikation von Geheimnissen oder die Geheimhaltung von Kommunikationen bzw. Kommunikationssystemen oder gar die Frage nach der Mitteilung bzw. der Geheimhaltung des Geheimnisses selbst in dieser Perspektive und auf dieser Bezugsebene zum Gegenstand der Betrachtung gewählt werden. – Von einer funktionalen Begriffsbestimmung des Geheimnisses sind wir damit allerdings noch weit entfernt.

Bevor einer solchen Begriffsbestimmung weiter nachgegangen werden kann, bedarf jedoch die soziale Kommunikation einer eingehenderen Betrachtung. Die Mitteilung von Nachrichten, deren sinnhafte Selektion dem anderen Informationen ermöglicht, kann bewußt intendiert werden oder unbewußt geschehen. Im Vergleich zur nichtbewußten hat die bewußte Mitteilung als direkte Kommunikation eine höhere Authentizität. Zwar ist es dem Mitteilenden im Falle bewußter Kommunikation möglich, seine Mitteilungen im Vorgriff auf die erwartete und beim anderen zu erzielende Information zu modifizieren und spezifizieren, indem er sie an den Erwartungen, der aktuellen Aufmerksamkeit, den Interessen und den bereits verfügbaren Informationen seines Adressaten orientiert. Übertragen wird Information im Prozeß der Kommunikation jedoch ebensowenig wie Sinn. Während Sinn der Kommunikation als Selektions- und Steuergröße immer schon vorausgeht, entsteht Information durch die Hinwendung des Bewußtseins auf die Nachricht als Selektion aus ihren Möglichkeiten. Ebenso wie die Rezeption einer Nachricht und deren sinnvolle Verarbeitung bedeutet auch deren Mitteilung eine Selektion aus der Vielzahl möglicher Nachrichten. Sie vollzieht sich gleichfalls an dem der gemeinsamen Situation zugrundeliegenden Sinn. Insofern ist Kommunikation die „gemeinsame Aktualisierung von Sinn, die mindestens einen der Teilnehmer informiert" [28].

Die Funktion des Sinnes[29] für die Kommunikation besteht neben der Selektion aus der Vielzahl möglicher Informationen nicht darin, daß durch ihn jene möglichen Informationen, aus denen die Selektion vollzogen wird und die damit zugleich nicht realisiert werden, vernichtet würden. Vielmehr besteht die spezifische Funktion des Sinnes gerade darin, daß jene Möglichkeiten, auf die die aktuelle Information verweist, lediglich aus dem Erleben und der Kommunikation als nicht relevant ausgeklammert werden, als Möglichkeiten und damit als mögliche Variation oder Divergenz zur selektiven Information jedoch im Kontext der Kommunikation verbleiben. Die in der aktuellen Kommunikation negierten Möglichkeiten sind prinzipiell in ihrer Negation[30] selbst wieder negierbar und können damit potentiell zum Gegenstand von Kommunikation bzw. zur Information werden.

Die Einbeziehung der sinnhaften Selektion aus Möglichkeiten des Handelns und Erlebens, die Möglichkeit ihrer bewußten, d. h. sinngesteuerten Negation und deren erneute Negierbarkeit, erlauben eine Unterscheidung der mit dem Geheimnis verbundenen Nichtmitteilung von einer bloßen Nichtthematisierung. Während die bloße Nichtthematisierung von Möglichkeiten sich aus dem gemeinsamen Sinnkontext etwa aufgrund mangelnder Relevanz ergeben kann, bedeutet die Nichtmitteilung, wie sie dem Geheimnis zugrundeliegt, die Negation von Informationsmöglichkeiten für den Kommunikationspartner, obgleich der der gemeinsamen Sinnaktualisierung zugrundeliegende Sinn die Implikation dieser Möglichkeiten bzw. der entsprechenden Nachrichten erwartbar werden läßt. Im Unterschied zur bloßen Nichtthematisierung bedeutet die Nichtmitteilung neben ihrem Negationscharakter für die gemeinsame Kommunikation zugleich eine ‚Position', in dem Sinne nämlich, daß sie dem Adressaten die Information der Zurückhaltung von Informationen ermöglicht. Als Position einer entsprechenden Negation ist das Geheimnis freilich nur dann sinnvoll, wenn sich derjenige, der es verwendet, sowohl darüber sicher sein kann, daß der andere nicht bereits über die ihm vorenthaltenen Informationen verfügt oder sie sich nicht etwa mühelos – unabhängig von der aktuellen – in anderen Komunikationen verschaffen kann. Die kommunikationsinterne Negation wird funktionslos, wenn sie nicht als solche – zumindest für eine gewisse zeitliche Dauer – vom Geheimhaltenden als generelle Negation betrachtet werden kann. Im Hinblick auf die Erwartungen des Kommunikationspartners bedeutet diese Negation zugleich eine Enttäuschung.

Abgesehen davon, daß eine solche erste Bestimmung des Geheimnisses vor allem eine Ergänzung und Spezifizierung hinsichtlich der Erwartungsstruktur der Kommunikationsteilnehmer bedarf, scheint sie vorwiegend für solche Systeme adäquat zu sein, die auf Kommunikationen spezialisiert sind, sich dafür nahezu ausschließlich der Sprache bedienen und zudem durch die Struktur umfassenderer komplexerer Systeme weitgehend entlastet werden [31]. Für einfachere Systeme und elementare Situationen[32], in denen die Kommunikation nicht in gleichem Maße authentisch ist und das Handeln eine Vielzahl von Funktionen erfüllt, ist diese Bestimmung unzureichend.

2. Duplizität der Kommunikationsebenen und -sprachen

Wenngleich der Sprache eine vorrangige Bedeutung für kommunikatives Verhalten zukommt, so ist sie doch nicht notwendiger Bestandteil aller Kommunikationen [33]. Soziale Kommunikation ist beispielsweise ebenso möglich durch Gestik und Mimik. Gegenüber diesen einfacheren averbalen sowie sonstigen paralinguistischen[34] Kommunikationsformen bedeutet Sprache als Sinnsystem eigener Art eine Selektivitätsverstärkung des von den Kommunikationspartnern gemeinsam aktualisierten Sinnes [35]. Wichtiger als die Ausdifferenzierung von Kommunikationen aus sozialem Handeln, die Sprache somit ermöglicht, ist im Zusammenhang unserer Überlegungen jedoch die Tatsache, daß zwischen verbalen und averbalen Kommunikationen eine Beziehung der Steuerung und Sinnspezifizierung besteht. Nicht nur können sprachliche Äußerungen den in averbalen Äußerungen implizierten Sinn spezifizieren und verdeutlichen – beispielsweise um Mißverständnisse zu vermeiden oder auszuräumen –, sondern auch die Bezugsebene ist umkehrbar, so daß Mimik und Gestik im aktuellen Gebrauch der Sprache deren allgemeine Bedeutung der Situation und dem Systemkontext entsprechend zu konkretisieren oder auch zu modifizieren vermögen.

Abgesehen davon, daß eine eingehendere theoretische Aufarbeitung sozialer Kommunikation vor allem in der Soziologie aber auch in der Sozialpsychologie noch keineswegs einen ihr entsprechenden – etwa der Auseinandersetzung mit dem Begriff der sozialen Rolle vergleichbaren – Stellenwert gefunden hat, scheint die Mehrzahl der Ansätze zu einer sozialwissenschaftlichen Theorie der Kommunikation zu sehr und ausschließlich auf Fragestellungen der kybernetisch orientierten Kommunikationsforschung und -theorie fixiert zu sein. Die damit zusammenhängende Vernachlässigung der Bedeutungsebene (Semantik) der verwendeten Symbole schließt eine adäquate Analyse der aufgezeigten Wechselbeziehung zwischen averbaler und verbaler Kommunikation weitgehend aus. Eine bemerkenswerte Ausnahme zur Verdeutlichung solcher Interdependenzphänomene in alltäglichen Kommunikationen stellt eine Theorie sozialer Kommunikation dar, wie sie innerhalb der amerikanischen soziologischen Schizophrenieforschung entwickelt worden ist. Das zentrale Ergebnis bei dem Bemühen um eine Theorie der Schizophrenie stellt die von Bateson, Jackson, Haley und Weakland entwickelte Hypothese der 'double-bind-Situation'[36] dar, deren Spezifizierung und Modifizierung die empirische Forschung zur Schizophrenie vor allem in den Vereinigten Staaten während des letzten Jahrzehntes wesentlich beeinflußt hat.

Die kommunikationstheoretischen Grundlagen, die zu dieser Hypothese geführt haben, erlauben nicht nur eine adäquatere Einbeziehung unterschiedlicher Kommunikationsebenen, sie ermöglichen zugleich für die hier zugrundeliegende Fragestellung einer funktionalen Bestimmung des Geheimnisses eine grundlegende Perspektive. Eine knappe Skizzierung der kommunikationstheoretischen Implikationen der neueren Schizophrenieforschung kann somit zur Spezifizierung unser Überlegungen beitragen.

Die Schizophrenietheorie geht von der Annahme aus, daß soziale Kommunikation verschiedene Typen unterschiedlicher logischer Ordnung impliziert, wobei der jeweils höhere logische Typus den darunterliegenden qualifiziert und klassifiziert [37].

Über die Mitteilung einer Botschaft von seiten des Senders hinaus erfordert eine Kommunikation zusätzliche Signale eines höheren logischen Typus, die diese Botschaft klassifizieren und ihr den jeweiligen Kommunikationsmodus zuordnen, da ein und dieselbe Botschaft in der Regel unterschiedliche und zumeist auch widersprüchliche Modi ermöglicht. Aus der reinen Botschaft allein ist nicht ersichtlich, ob sie etwa vorwiegend in ihrer sprachlichen Bedeutung, als instrumenteller Beitrag zu einem Gespräch, als Anspielung, Wunschvorstellung, Ironie oder als Spiel gemeint ist und als solche vom anderen verstanden werden soll. Das Signal bzw. die Botschaft höherer Ordnung hat gegenüber diesen generell möglichen Modalitäten der unteren Ebene eine Selektionsfunktion und bedeutet somit gegenüber der direkten sprachlichen Kommunikation eine Selektivitätsverstärkung. Diese Qualifizierung bzw. *Modalisierung* der Kommunikation kann sowohl aus dem Sinnkontext einer Kommunikation ableitbar sein – ein ‚rien ne va plus' im Roulette beendet nur den Spieleinsatz und nicht jede weitere Kommunikation – als auch über zusätzliches, zumeist averbales Verhalten erfolgen [38]. In der Mehrzahl der Fälle reicht eine derart doppelte Konzeption logischer Kommunikationsebenen zum Verständnis alltäglicher Kommunikationen aus. Für die Erklärung spezieller kommunikativer Strategien wie beispielsweise die des Humors, des Witzes oder der Ironie bedarf es darüber hinaus höherer logischer Ebenen [39]. Das Charakteristische derartiger Strategien liegt gerade darin, daß ein qualifizierendes Signal in dem Moment, in dem beispielsweise ein Witz als solcher ankommt, erneut hinsichtlich seines Modus klassifiziert werden muß; es erfährt durch andere Signale eine Modalisierung, obgleich es zuvor selbst Modalisierungscharakter hatte.

Über den logischen Typus der Mitteilungen und die darin implizierte Duplizität der Kommunikationsebenen hinaus kann auch die Sprache in sozialen Kommunikationen hinsichtlich ihrer Modalitäten differenziert werden. Die der Schizophrenieforschung zugrundeliegende Kommunikationstheorie verwendet dafür die Unterscheidung digitaler und analoger Kommunikationsformen, die durch ihr unterschiedliches syntaktisches und semantisches Potential gekennzeichnet sind [40].

Der analoge Sprachmodus besteht aus nonverbalen und paralinguistischen Phänomenen. Er verfügt über geringe Komplexität und ein niedriges Abstraktionspotential. Analogiekommunikationen weisen häufig eine Doppelbedeutung auf. Es fehlt ihnen die Möglichkeit einfacher Negation. Digitales Mitteilungsmaterial hingegen ist nicht nur komplexer, vielseitiger und abstrakter als analoges. Die Digitalsprache impliziert darüber hinaus eine logische Syntax. Während digitales Kommunikationsmaterial vor allem der Kommunikation von Inhalten dient, eignet sich analoges Material vorwiegend zur Definition und Kommunikation von Beziehungen. Indirekte Kommunikationen sind im Vergleich zu direkten Kommunikationen in der Regel durch eine Duplizität dieser Sprachmodi gekennzeichnet. Aufgrund ihres unterschiedlichen Negationspotentials können sich zwischen diesen Kommunikationsebenen Inkongruenzen ergeben, wenn etwa digitale Äußerungen analog unglaubhaft erscheinen oder analoges Material durch Digitalisierungen semantisch reduziert wird.

Die Zuordnung der Kommunikationsmodi geschieht für jeden Teilnehmer auf mindestens dreifache Weise: Er muß sowohl seine eigenen Mitteilungen als auch die seiner Partner und ferner seine eigenen Gedanken, Empfindungen und Wahrnehmungen modalisieren. Darüber hinaus kann es in sozialen Situationen erforderlich werden, daß auch die Wahrnehmung des anderen sowie dessen jeweilige Modalisierung einer eigenen Modalisierung unterzogen werden. Dabei ist es durchaus möglich, daß die jeweiligen Modalisierungen der Kommunikationspartner eine Inkongruenz derart aufweisen, daß der eine für bare Münze hält, was vom anderen als Aufschneiden und Übertreibung klassifiziert wird, oder jemand als persönliche Anspielung klassifiziert, was vom anderen als Scherz gemeint war. Aus derartigen Inkongruenzen können sich für eine Kommunikation zusätzliche Komplikationen ergeben, die – wenn sie überhaupt als solche aktualisiert werden – häufig nur durch zusätzliche Kommunikationen in der Form von Metakommunikationen aufzufangen und zu bewältigen sind. Aber auch gewisse Freiräume und Indifferenzen lassen sich auf diese Weise errichten – indem man etwa eine Aussage des anderen als Scherz deklariert, obgleich sie von ihm ernst gemeint war und auch als solche zu erkennen gewesen wäre, um sich so von dem Handlungsdruck einer Situation zu befreien. Derartige Inkongruenzen können durch besondere Strategien der Verschleierung und Verleugnung im Verlauf der weiteren Kommunikation durchaus selbst wieder negiert werden [41]. Im Vorgriff auf die Erwartungen des anderen, die dieser in bezug auf die Situation sowie in bezug auf die Handlungen und Modalisierungen seines Partners hat, wird es auch möglich, eigene Modalisierungen vorzutäuschen. Lediglich simulierte Gefühle können beim anderen den Eindruck eines echten Gefühlsausdrucks hervorrufen, über einen Witz des anderen kann man künstlich lachen, was dem anderen so lange verborgen bleiben kann, wie es nicht zum gekünstelten Lachen wird usw.[42].

Zwar impliziert der kommunikationstheoretische Ansatz, wie er der neueren Schizophrenieforschung zugrundeliegt, bereits die Möglichkeit von Verheimlichungen. Auch für die 'double-bind-Situation' stellt die Verheimlichung von Divergenzen des Empfindens und der Wahrnehmung ein zentrales Moment dar, wenngleich diese Verheimlichungen und Verdrängungen auch weitgehend unbewußt geschehen und primär in ihrer schizophrenogenen Funktion für die auf Dauer in derartigen Situationen fixierten Individuen im Mittelpunkt des Interesses stehen. Dies ist jedoch nicht der einzige Grund weshalb dieser kommunikationstheoretische Ansatz für eine Begriffsbestimmung des Geheimnisses geeignet erscheint. Ausschlaggebend für die Wahl ist vielmehr das Moment der Modalisierung, der Steuerung und Selektivitätsverstärkung unterschiedlicher Kommunikationsebenen.

3. Geheimnis als Kommunikationsmodus

Alle Mitteilungen, die zwischen den Beteiligten einer Kommunikation ausgetauscht werden, stellen eine Selektion aus den im individuellen Bewußtsein aktualisierten Inhalten, d. h. aus den aktuell verfügbaren Informationen dar. Diese Informationen sind das Ergebnis selektiver Verarbeitung von Ereignissen außerhalb des aktuellen Handlungssystems wie auch der Wiedervergegenwärtigung früherer Erlebnisse sowie des aktuellen Empfindens und der Wahrnehmung vom eigenen Handeln. Die Auswahl von Bewußtseinsinhalten, die dem anderen mitgeteilt werden, wird zunächst einmal maßgeblich beeinflußt durch die Selektivität des in der Kommunikation gemeinsam aktualisierten Sinnes, der zugleich den groben Rahmen möglicher Modalisierungen der Mitteilungen absteckt. Der dem gemeinsamen System zugrundeliegende Sinn hat somit eine Funktion für die Bestimmung des Kommunikationsmodus von Bewußtseinsinhalten. Dabei ist die Moduszuweisung der Mitteilung bzw. der Mitteilbarkeit oder der Nichtmitteilung unter dem Aspekt der Systemrelevanz allen weiteren Modalisierungen vorrangig. Unabhängig von dem momentanen aktuellen Sinn des Kommunikationssystems kann die Modalisierung aktueller oder potentieller Bewußtseinsinhalte im Hinblick auf die Negation ihrer Mitteilung in allen oder nur in bestimmten Kommunikationen für ein handelndes System bereits im vorhinein getroffen worden sein. Derartige, einer Kommunikation vorausliegende Negationen der Mitteilbarkeit interner Informationen sind beispielsweise enthalten in der Selbstdarstellung personaler Systeme und der Außendarstellung sozialer Systeme, so z. B. in der politischen Propaganda und der Werbung der Wirtschaft oder in einer Pressezensur. Sie sind auch ein zentrales Moment des Geheimnisses und der Geheimhaltung.

Das Geheimnis wäre demnach begrifflich zu bestimmen als ein Modus potentieller oder aktueller Mitteilungen. Es hat damit nicht, wie es eingangs schien, generell die Funktion der Nichtmitteilung. Seine spezifische Funktion – im Vergleich zu anderen Kommunikationsmodi wie etwa dem des Witzes, der Anspielung oder des Spiels – besteht in der Qualifizierung von Mitteilungen derart, daß bestimmte, vom Mitteilenden im Kontext einer Mitteilung aktualisierte und im gemeinsamen Kommunikationskontext relevante Bewußtseinsinhalte aus der Mitteilung ausgeklammert werden und dem Adressaten insofern vorenthalten bleiben, als sie in ihrer Möglichkeit als Informationen für ihn negiert werden. Diese Modalisierung in bezug auf bestimmte Informationen kann generalisierend für alle aktuellen oder potentiellen Kommunikationen getroffen werden, an denen der Geheimhaltende teilhat, oder auf bestimmte, näher zu spezifizierende Kommunikationen – im Extremfall auf Kommunikationen mit einer ganz bestimmten Person oder innerhalb eines einzelnen sozialen Systems – eingeengt werden. Eine derartige Modalisierung einer Mitteilung wird sich nur in den seltensten Fällen bei der Modusbestimmung explizit des verbalen Signals ‚geheim' bedienen, sondern zumeist auf indirekte Weise durch Strategien des Drumherumredens, des Themenwechsels oder des Vorwandes, etwas nicht, noch nicht oder nicht genau zu wissen, zum Ausdruck gebracht werden. Je nachdem, ob der andere die entsprechend modalisierte Mitteilung des Geheimhaltenden gleichfalls als Geheimhaltung modalisiert oder die Modalisierung in ihrem Charakter nicht erfaßt, ergibt sich eine Kongruenz oder Inkongruenz der Modalisierungen.

Kongruenz der Modalisierungen setzt voraus, daß der mit dem Geheimnis Konfrontierte die Tatsache der Geheimhaltung als Information aktualisiert, d. h. daß sie als Überraschung erfahren wird. Insofern als der mit einem Geheimnis Konfrontierte den Kommunikationsmodus der Mitteilung des anderen kongruent qualifiziert, hat das Geheimnis in der gemeinsamen Kommunikation die Funktion einer *doppelten Modalisierung*. In welchem Ausmaß eine solche doppelte Modalisierung die Kommunikation als ganze modifiziert, ist davon abhängig, welcher Stellenwert den verheimlichten Informationen im Kontext des gemeinsam aktualisierten Sinnes eingeräumt wird. Hat das Geheimnis für den Sinnzusammenhang der Kommunikation nur eine periphere Relevanz bzw. wird es vom anderen so eingeschätzt, wird es auf relativ wenige Mitteilungen innerhalb der Kommunikation beschränkt bleiben und kann sozusagen innerhalb der Kommunikation abgekapselt werden. Weitreichender können die Folgen jedoch für den Fall sein, daß eine Geheimhaltung für die Kommunikation von zentraler Bedeutung ist. Die zunächst in bezug auf eine oder einige wenige Mitteilungen des Senders getroffene Modalisierung vom Typus ‚Geheimnis' kann als Modalisierung auf eine Vielzahl von Mitteilungen ausgedehnt werden. Im Extremfall gar kann sie in doppelter Hinsicht generalisiert werden. Dann werden sowohl nahezu alle Mitteilungen des Geheimhaltenden – unabhängig von sonstigen Kommunikationsmodi, mit denen sie zusätzlich qualifiziert werden können – in die Modusbestimmung ‚Geheimnis' einbezogen als auch die eigenen Mitteilungen als Reaktion auf die Geheimhaltung des anderen einer entsprechenden Modalisierung unterzogen.

4. Reflexivität der Modalisierung

Wer ein Geheimnis zu wahren sucht und seine Mitteilungen entsprechend modalisiert, muß sich darüber bewußt sein, daß er damit zugleich schon immer die Möglichkeit schafft, daß andere die Tatsache der Geheimhaltung als Bewußtseinsinhalt aktualisieren. Deshalb ist es nicht nur ratsam, sondern unabdingbar, daß der Geheimhaltende – bevor er sich zur Strategie der Geheimhaltung entschließt – eine Entscheidung darüber fällt, ob die Tatsache seiner Geheimhaltung allgemein bzw. für konkrete andere die Möglichkeit der Information implizieren soll oder nicht. Diese Entscheidung aber setzt voraus, daß nicht nur der Geheimnisinhalt sondern das Geheimnis selbst hinsichtlich seiner möglichen Kommunikationsmodi der Mitteilung oder Nichtmitteilung qualifiziert werden muß. Die Entscheidung, ob die Modalisierung der eigenen Mitteilung als Geheimnis vom anderen überhaupt als solche erfahren werden soll und ihm damit zugleich die Möglichkeit kongruenter Modalisierung geboten wird, ist letztlich erneut eine Frage der Modalisierung. Somit beinhaltet das Geheimnis nicht nur eine Duplizität der Modalisierungen in dem Sinne, daß sowohl der Sender als auch der Empfänger ein und dieselbe Mitteilung als Geheimhaltung klassifizieren. Es impliziert zugleich immer auch eine Zweistufigkeit des Modalisierungsprozesses auf seiten des Geheimhaltenden, d. h. *eine Reflexivität der Modalisierung.*

Diese Reflexivität der Modalisierung als einer prozeßhaften Anwendung auf einen Prozeß gleicher Art bedeutet, – wie jede Reflexivität[43] – für den, der sie verwendet, einen nicht unerheblichen Vorteil. Während der Geheimhaltende im Falle der einfachen Modalisierung der Reaktion des anderen mehr oder weniger stark ausgeliefert ist, erlaubt die reflexive Verwendung der Modalisierung bereits proleptisch einen Kalkül der möglichen Reaktionen und ihrer jeweiligen Wahrscheinlichkeiten. Auch kann auf dieser Ebene in Betracht gezogen werden, ob nicht bereits die Information, die allein das Bekanntwerden der Tatsache einer Geheimhaltung dem Adressaten ermöglicht, im Kontext jener Möglichkeiten, auf die sie bei ihm verweist, zu einer Negation der Geheimhaltung und damit zu einem Bekanntwerden des Geheimnisinhaltes führen kann. Insofern als die reflexive Modalisierung die Möglichkeit der Geheimhaltung verdoppelt, erlaubt sie eine differenziertere Geheimhaltung und schafft dem Geheimhaltenden zugleich die Möglichkeit, dem Handlungszwang zu entgehen, in den ihn die Reaktionen des anderen versetzen können. Die Frage, ob auf dieser reflexiven Modalisierungsebene die Entscheidung für die Mitteilung oder Nichtmitteilung der Tatsache einer Geheimhaltung ausfällt, ist im Einzelfall von den Folgeproblemen abhängig, die sich aus der jeweils verwendeten Strategie ergeben. Diese Folgeprobleme gilt es im vorhinein hinsichtlich ihrer Wahrscheinlichkeit zu selektieren. Diese Selektion geschieht zum einen durch den Rückgriff und die Vergegenwärtigung früherer Erfahrungen; zum anderen bedarf es dazu jedoch eines antizipatorischen Zugriffs auf die Situation und die Erwartungen der an ihr Beteiligten. Nicht allein die Erwartbarkeit fremden Verhaltens sondern vor allem die Erwartung der Erwartungen anderer sowie deren Erwartungserwartungen ist – wenngleich auch für jede sinnhaft gesteuerte Interaktion unerläßlich[44] – für die Wahrung eines Geheimnisses deshalb von eminenter Bedeutung, weil ein Fehler der Geheimhaltung – sei es der Geheimhaltung eines Inhaltes oder eines Geheimnisses – sich in der Regel nicht mehr korrigieren läßt. Während man eigenes Verhalten, das auf inadäquaten Erwartungserwartungen beruht, häufig innerhalb der Interaktion mehr oder weniger unauffällig korrigieren kann und Kommunikationen sich gleichfalls auch auf metakommunikativer Ebene zurechtrücken und spezifizieren lassen, besteht diese Möglichkeit in bezug auf das Geheimnis allenfalls in dem Sinne, daß eine ursprüngliche Geheimhaltung, die sich als nicht bzw. nicht mehr erforderlich erweist, rückgängig gemacht wird – wobei sich die Tatsache der anfänglichen Modalisierung oft genug verbergen läßt. Umgekehrt ist es sehr viel schwieriger, wenn nicht gar unmöglich, die Mitteilung einer Geheimhaltung oder die Einweihung in ein Geheimnis ungeschehen zu machen, wenn der andere anders als erwartet erwartet hatte, und dementsprechend anders reagiert. Als indirekte Korrektur des eigenen Verhaltens aufgrund inadäquater Erwartungen bleiben dann allenfalls noch unterschiedlichste Formen der Nostrifikation oder der Liquidierung.

Durch die Antizipation fremder Erwartungen und Erwartungserwartungen wird es möglich, diese mit den eigenen Erwartungen zu koordinieren und auf ihnen ein Verhalten zu begründen, das weder die eigenen Erwartungen noch die der anderen unnötig und über Gebühr enttäuscht [45]. Erwartungserwartungen entlasten von zusätzlicher Kommunikation, die erforderlich wäre, um die wechselseitigen Erwartungen und Meinungen zu testen, und sie entlasten damit innerhalb der Kommunikation das aktuelle Bewußtsein von einer Koordination des Handelns.

Die besondere Relevanz der antizipatorischen Erfassung der Erwartungen anderer für die Entscheidung zur Modalisierung bzw. reflexiven Modalisierung einer Mitteilung als Geheimnis liegt im Vergleich zur sonstigen Koordination des Handelns darin, daß die Art und die Intensität der fremden Erwartungen sowie ihre mögliche Enttäuschbarkeit und die daraus möglicherweise erfolgenden Reaktionen maßgeblich dafür sind, ob und welche Informationen dem anderen vorzuenthalten sind. Das gilt in gleicher Weise für den Informationscharakter des Geheimnisinhaltes wie für die Geheimhaltung selbst.

Bevor es überhaupt zu einer entsprechenden Modalisierung kommt, muß – abgesehen von der Tatsache, daß sich der Geheimhaltende seiner eigenen Erwartungen vergewissern muß, die er mit einer Geheimhaltung verbindet – so zunächst einmal die *Mitteilungserwartung* des anderen in bezug auf den jeweiligen Bewußtseinsinhalt erwartbar sein. Zwar wird sich diese Erwartung zumindest in einem ersten groben Zugriff aus dem der gemeinsamen Kommunikation zugrundeliegenden Sinnkontext ableiten lassen. Darüber hinaus bedarf es eines weiteren Zugriffs auf die spezielle Erwartungsstruktur und die Kognitionen der Teilnehmer. Da sich diese spezifischen Erwartungen des Adressaten dem Geheimhaltenden vor allem dann einer direkten Antizipation entziehen, wenn es für die konkret zu verheimlichenden Bewußtseinsinhalte keinen vergleichbaren Fall gibt, in dem sich die Erwartungen des anderen bereits – bei diesem selbst oder bei vergleichbaren anderen – bestätigt haben oder getestet werden konnten, lassen sich diese Erwartungen des anderen häufig nur hypothetisch erfassen. Wer in bezug auf bestimmte Informationen die Möglichkeit ihrer Geheimhaltung in Betracht zieht, muß gleichsam vor der Entscheidung zur Geheimhaltung gedanklich den Fall durchspielen, daß der andere die vorenthaltenen Informationen auf anderem Wege erfahren würde bzw. wird er sich seine eigene Reaktion vorzustellen versuchen, würde der andere – angenommen, er verfügte darüber – ihm gerade diese Information vorenthalten. Die Tatsache und das Ausmaß dieser hypothetischen Enttäuschung können einen Maßstab abgeben für die Beurteilung der Mitteilungserwartungen auf seiten des Adressaten.

Über die unmittelbare Mitteilungserwartung hinaus muß aber auch erwartbar sein, in welchem Erwartungskontext die möglicherweise zu verheimlichenden Bewußtseinsinhalte beim anderen als Informationen aktualisiert werden bzw. würden. Die Informationen, die jemand aus der Kommunikation mit einem anderen entnehmen kann, können so sehr mit seinen eigenen Erwartungen divergieren, daß sie ihn sowohl zu einer Korrektur des Bildes, das er bisher vom anderen hatte – und damit zu einer Verschiebung seiner gesamten Erwartungsstruktur – als auch zu einer Verhaltensreaktion veranlassen können, die ihrerseits den anderen als potentiell Geheimhaltenden in seinen Erwartungen enttäuschen und sein Handlungspotential übersteigen können. Auch ist der umgekehrte Fall denkbar, daß die eigenen Bewußtseinsinhalte, die dem anderen mitgeteilt werden, durch die Art seiner Informationsverarbeitung insofern ihren erwarteten Informationswert verlieren bzw. gar nicht erst erreichen, als sie vom anderen derart normalisiert werden, daß sie auf bereits vorhandenen Sinn hin weginterpretiert werden und damit ihren Überraschungscharakter als Information verlieren [46]. Beide Formen der Informationsverarbeitung, die letztlich aus einer inkongruenten Modalisierung des Empfängers in bezug auf die Mitteilung des Senders resultieren, können aufgrund der erwartbaren Erwartungen des Adressaten vom Absender antizipiert werden und insofern, als sie den eigenen Erwartungen widersprechen und sich auch ohne einen allzu hohen zusätzlichen Kommunikationsaufwand nicht beseitigen lassen, Anlaß zur Verheimlichung der ihnen zugrundeliegenden Bewußtseinsinhalte geben. Zur Geheimhaltung kann darüber hinaus auch die Tatsache veranlassen, daß nicht übersehen werden kann, über welche sonstigen Informationen der andere verfügt bzw. im Kontext welcher, dem Mitteilenden verborgenen Bewußtseinsinhalte der andere die Mitteilung als Information aktualisiert oder in welchem anderen, von der momentanen gemeinsamen Sinnaktualisierung abweichenden Sinnkontext der Informationsgehalt der Mitteilung verwendet wird.

Damit aus dem bisher Gesagten nicht fälschlicherweise der Eindruck entstehen mag, bei der Geheimhaltung handele es sich generell um eine Strategie der Enttäuschungsvermeidung, bedarf es einiger Ergänzungen. Wie alle Antizipation fremder Erwartungen und deren Harmonisierung mit der eigenen Erwartungsstruktur bedeutet die Geheimhaltung eine Strategie der Konfliktvermeidung. Insofern als die Modalisierung einer Mitteilung als Geheimnis den anderen über die Tatsache der Geheimhaltung zumindest nicht bewußt im unklaren läßt, wird jedes Geheimnis die von ihm Ausgeschlossenen in ihren Erwartungen enttäuschen [47]. Allerdings kann auf der reflexiven Modalisierungsebene die Enttäuschung des anderen antizipiert und entsprechend dem eigenen Potential und der Erwartung, die Enttäuschung des anderen verarbeiten zu können oder von ihr – momentan oder prinzipiell – überfordert zu werden, darüber entschieden werden, ob sie dem anderen zugemutet werden kann oder ob sie ihm besser erspart bleibt. Entscheidend für diesen Kalkül, ob dem anderen die Enttäuschung zugemutet werden kann, daß ihm erwartete bzw. erwartbare Mitteilungen vorenthalten werden oder ob sich der Geheimhaltende durch entsprechende Enttäuschungsvorkehrungen sozusagen selber belasten muß, ist wiederum die adäquate Antizipation der im Kommunikationskontext vorhandenen Erwartungen – und zwar sowohl jener, die sich aus der gemeinsamen Situation ableiten lassen, als auch derer, die ihren Ursprung eher im personalen System des Partners oder in der gemeinsamen, der momentanen Situation vorausliegenden Geschichte der Teilnehmer haben. Beispielsweise beim gemeinsamen Kartenspiel oder beim Gebrauchtwagenkauf sind die einseitige oder wechselseitige Verheimlichung sowie die daraus resultierende Enttäuschung der erwarteten Chancen und Vorteile durchaus – wenngleich in Grenzen – erwartbar. Dadurch, daß die eigene Enttäuschung gleichsam miterwartet und in den Kontext der eigenen Erlebensmöglichkeiten einbezogen wird, ist auch die Enttäuschung dem anderen durchaus zumutbar. Zumindest was das gemeinsame Spiel angeht, würde es gleichsam eine Enttäuschung der eigenen Erwartungen bedeuten, nicht enttäuscht zu werden. Solange die Enttäuschung ein erwartbares Maß nicht übersteigt, – solange etwa nicht offenkundig wird, daß der andere mit gezinkten Karten spielt oder daß der Verkäufer einen früheren Unfallschaden bewußt verbirgt – wird man sich selbst als dem, der falsch erwartet hat und nicht demjenigen, der nicht den eigenen Erwartungen entsprechend gehandelt hat, einen Fehler zuschreiben müssen. Anders liegt der Fall jedoch, wenn jemand trotz der normativen Negation der Verheimlichung oder der vorsätzlichen und bewußten Verschleierung bzw. Verfälschung der Wahrheit einer Aussage, seinem Partner die Information ermöglicht, daß er Informationen vorenthält. Dann wird nicht nur die Enttäuschung der an der Norm orientierten Erwartungen deutlich zum Ausdruck gebracht werden, sondern darüber hinaus der Handelnde möglicherweise auch für seinen Fehler belangt werden können – so etwa der Autoverkäufer bei der Verheimlichung des Unfallschadens, das Kind, das in der Gegenwart anderer mit seinen Spielgefährten flüstert bzw. auf die diesbezügliche Frage der Mutter zu verheimlichen sucht, wo es so lange geblieben ist, oder beispielsweise auch der Angeklagte oder Zeuge im Gerichtsverfahren, der sich nicht an seinen Eid gebunden fühlt. – Nicht selten wird man dem Adressaten – zumal dann, wenn er einem über die Situation hinaus bekannt ist, und dieser Bekanntschaft eine gemeinsame Geschichte wechselseitiger Erwartungen zugrundeliegt – eine Enttäuschung allein schon deshalb ersparen müssen, weil die Enttäuschung, die aus der nicht verheimlichten Geheimhaltung resultieren würde, den Geheimhaltenden selbst betreffen und mit den aus einer derartigen Darstellungsinkonsistenz resultierenden Problemen konfrontieren könnte. So wird beispielsweise demjenigen, der seinen Partner absoluten Vertrauens – und damit gerade der Absicht, ihm nichts zu verheimlichen – versichert hat, keine andere Wahl bleiben, will er das Verhältnis zum anderen nicht grundsätzlich verändern oder gar abbrechen, als ihm die Tatsache, daß er ihm nämlich nicht mehr vollauf vertraut, zu verheimlichen[48].

Schließlich kann auch der zu erwartende Stil der Enttäuschungsreaktion des anderen gleichermaßen ausschlaggebend dafür sein, daß ihm sowohl Bewußtseinsinhalte als Geheimnis als auch das Geheimnis selbst vorenthalten werden. Dabei gilt es, zwei Formen der Enttäuschungsverarbeitung zu unterscheiden, je nachdem, ob jemand trotz der Enttäuschung, die ihm widerfahren ist, seine Erwartungen in unveränderter Weise aufrechtzuerhalten sucht oder ob er sich zu ihrer Modifikation und Anpassung an die enttäuschende Wirklichkeit entschließt. Läßt sich jemand – möglicherweise gar auch trotz wiederholter Enttäuschungen seiner Erwartungen – nicht dazu bewegen, seine Erwartungen seinem Erleben anzupassen und entsprechend zu modifizieren, so läßt sich der seinen Erwartungen zugrundeliegende Stil der Erlebnisverarbeitung als *normativ* bezeichnen. Wer derart erwartet, wird den Grund für eine Inkongruenz zwischen seinen Erwartungen und den erlebten Handlungen anderer stets in deren Handeln suchen und seiner Enttäuschung entsprechenden Ausdruck dadurch verleihen, daß er sich entrüstet, den Abweichler zu bestrafen sucht oder aber sich um Erklärungen bemüht, die zugleich geeignet erscheinen, sowohl die aktuelle Abweichung verständlich werden zu lassen, als auch die Kontinuität seiner Erwartungen zu gewährleisten. *Kognitiv* hingegen erwartet, wer die Indadäquatheit seiner Erwartungen in bezug auf die Ereignisse und die daraus resultierende Enttäuschung zum Anlaß dafür nimmt, seine Erwartungen den Gegebenheiten anzupassen; er versucht, aus der Enttäuschung zu lernen, um sich künftige Enttäuschungen mit Hilfe einer den Ereignissen adäquateren Erwartungshaltung zu ersparen bzw. zu verringern[49].

Bei einem erwartbaren, jedoch unerwünschten Stil der Enttäuschungsreaktion des Kommunikationspartners auf bestimmte eigene Bewußtseinsinhalte kann sich deren Geheimhaltung als eine Möglichkeit anbieten, diesen Reaktionen und dem damit verbundenen zusätzlichen Kommunikationsaufwand zu entgehen. Dabei kann zwar die Enttäuschungsreaktion des anderen aufgrund des Geheimnisses immer noch unerwünscht bleiben, der Geheimhaltende kann ihr jedoch möglicherweise einfacher widerstehen bzw. sich ihr anzupassen versuchen, als es bei der unmittelbaren Enttäuschungsreaktion der Fall wäre, zu der der Partner sich veranlaßt sähe, wenn ihm der Geheimnisinhalt bekannt würde. Übersteigt auch diese Reaktion des Enttäuschten das Handlungspotential des Geheimhaltenden, weil erwartbar ist, daß der derart Enttäuschte nicht bereit sein wird, die Tatsache der Geheimhaltung letztlich doch zu respektieren und damit kognitiv zu verarbeiten, so verbleibt dem Geheimhaltenden schließlich nur die Möglichkeit, diese antizipierbare Reaktion des anderen seinerseits kognitiv zu verarbeiten und das Geheimnis auf der reflexiven Modalisierungsebene gleichfalls als Nichtmitteilung zu qualifizieren.

5. Einfache und reflexive Geheimhaltung

Aufgrund der Antizipation von Erwartungen der Kommunikationspartner sowie der Zumutbarkeit von Enttäuschungen und ihrer Koordination und Harmonisierung mit den eigenen Erwartungen kann also auf der reflexiven Modalisierungsebene, die dem Geheimnis zugrundeliegende Nichtmitteilung als Mitteilung oder Nichtmitteilung klassifiziert werden. Entscheidet sich der Geheimhaltende für die Mitteilung seiner Geheimhaltung – nicht seines Geheimnisses – so ermöglicht er damit dem anderen die Information, daß ihm innerhalb des aktuellen Kommunikationssystems relevante Informationen bewußt vorenthalten werden. Wer derart ein Geheimnis wahrt, gibt damit zugleich seiner Erwartung Ausdruck, daß er die Respektierung dieser Nichtmitteilung erwartet bzw. von ihrer Wirksamkeit überzeugt und gleichzeitig entschlossen ist, entsprechende Enttäuschungsreaktionen des anderen in Kauf zu nehmen und zu verarbeiten. Ob diese Erwartungen sich durchhalten lassen werden oder ob nicht auch der Geheimhaltende Enttäuschungen wird verarbeiten müssen, ist damit allerdings allein noch nicht entschieden.

Wer auf diese Weise geheimhält, muß – wenn er keine ausreichenden Erklärungen für seine Geheimhaltung erbringen kann, die den Enttäuschten doch noch in seiner Erwartung bestätigen – die Möglichkeit in Betracht ziehen, daß der andere sein bisheriges Vertrauen revidiert und weitgehend durch Mißtrauen ersetzt. Dieses Mißtrauen kann sich entweder auf das Geheimnis und dessen möglichen Inhalt beschränken oder gar derart ausgeweitet werden, daß der Adressat schließlich selbst seine eigenen Mitteilungen – von seinem Partner unbemerkt – als Geheimnis modalisiert; auch kann er versuchen, sich die vorenthaltenen Informationen heimlich in Kommunikationen mit anderen oder durch eigene Recherchen zu verschaffen. Sein Unmut und die Intensität seiner Reaktionen können sich noch verstärken, wenn ihn die Geheimhaltung des anderen über die bloße Enttäuschung der Nichtmitteilung hinaus bei der Verarbeitung seiner eigenen Probleme behindert oder deren Lösung gar unmöglich macht. Diese von dem Geheimhaltenden initiierten Reaktionen des Adressaten lassen sich leichter bewältigen bzw. verringern sich in dem Maße, wie die Geheimhaltung nicht seiner Person, sondern eher seiner Rolle, die er im aktuellen oder in einem anderen System innehat, zugeschrieben wird. In noch verstärkterem Umfang dürfte dies der Fall sein, wenn jemand der Verpflichtung zur Geheimhaltung als Geheimnisträger nur unterliegt, ohne selber ein eigenes unmittelbares Interesse an der Geheimhaltung zu bekunden oder gar an deren geheimen Sinn teilzuhaben.

Wird die Nichtmitteilung auf der reflexiven Modalisierungsebene hingegen gleichfalls als Nichtmitteilung modalisiert, wird also die Mitteilung bestimmter Bewußtseinsinhalte sozusagen doppelt negiert, so wird die Geheimhaltung reflexiv. Indem die reflexive Geheimhaltung im Vergleich zur einfachen Geheimhaltung auch die Tatsache einer entsprechenden Modalisierung der Wahrnehmbarkeit seitens des Partners entzieht, wird nicht nur eine Kongruenz der Modalisierungen der kommunizierenden Partner auszuschließen versucht. Die Modalisierung wird – aus der Sichtweite des von der Mitteilung des Geheimnisses Ausgeschlossenen – allenfalls als Möglichkeit in Betracht gezogen, auf die das aktuelle Handeln und Erleben zwar prinzipiell verweist, deren momentane systeminterne Aktualisierung jedoch in hohem Grade unwahrscheinlich erscheint, weil keinerlei Anzeichen dafür sprechen. In der gleichen Weise wie die reflexive Geheimhaltung dem Partner die einfache Negation der Möglichkeit einer Modalisierung als Geheimnis zu bestätigen scheint, ist die reflexive Geheimhaltung auch im Hinblick auf die ihr zugrundeliegenden Geheimnisinhalte in weiterem Umfange – wenn nicht gar generell – geeignet, die Negation von Möglichkeiten, die der andere seinem aktuellen Handeln zugrundelegt, zu bestätigen, nicht in Frage zu stellen und problematisch werden zu lassen. Eine solche Nichtproblematisierung wird möglich, obwohl der Geheimhaltende seinerseits diese Möglichkeiten gerade für sich selbst in ihrer Negierbarkeit negiert und sie als Möglichkeiten in den der gemeinsamen Situation zugrundeliegenden Sinnkontext einbezieht. Solange die reflexive Geheimhaltung erfolgreich und somit für den anderen unbemerkt durchgehalten werden kann, kann er sich in seiner subjektiven Wirklichkeitskonstruktion in bezug auf das aktuelle Kommunikationssystem und die daraus ableitbaren Erwartungen sicher wähnen – es sei denn, gewisse Anzeichen der Situation oder der konkreten Person des Kommunikationspartners würden eine derartige Geheimhaltung und deren Erwartbarkeit angeraten sein lassen.

Insofern als die reflexive Geheimhaltung dem andern Enttäuschungen darüber erspart, daß er sich über die tatsächliche Komplexität der in der Situation relevanten Möglichkeiten hinwegtäuscht, liegt ihr auf seiten des Geheimhaltenden eine Antizipation des Vertrauens seines Partners voraus. Während der Geheimhaltende seinerseits beispielsweise darauf vertrauen muß, daß der andere die Möglichkeit der reflexiven Geheimhaltung eben nicht in Betracht zieht, negiert er seinerseits diese Möglichkeit in der Annahme, daß der andere diese Möglichkeit als Möglichkeit negieren wird – er vertraut darauf, daß der andere vertraut und damit zugleich immer schon eine Mehrzahl möglicher Möglichkeiten als aktuell nicht relevant bewußtseinsmäßig und damit auch aus seiner Wahrnehmung ausschließt[50].

In dem Maße wie die reflexive Geheimhaltung von zusätzlicher zeitraubender Kommunikation und hinsichtlich der eigenen Darstellung verpflichtender Interaktionen entlastet sowie im Vergleich zur einfachen Geheimhaltung von der Last der Rechtfertigungen, Erklärungen und offener und versteckter Vorwürfe inadäquaten bzw. verwerflichen Verhaltens befreit, belastet sie als Vorkehrung eigener und fremder Enttäuschungen zugleich doch wieder den Geheimhaltenden. Um wirksam den Konflikten aus dem Wege gehen zu können, die sich aus der Mitteilung seiner Bewußtseinsinhalte bzw. der Geheimhaltung ergeben würden, muß die Geheimhaltung kongruent geschehen. Es dürfen keine Fehler unterlaufen, die geeignet wären, den anderen stutzig zu machen oder gar Verdacht schöpfen zu lassen, ihm werde etwas vorenthalten. Dazu bedarf es in weit stärkerem Maße als bei der einfachen Geheimhaltung der Einbeziehung der Erwartungen des anderen einschließlich der Erwartungen, die dieser vom Geheimhaltenden erwartet. Da es unmöglich ist, die Kommunikation selbst zu negieren, bleibt dem Geheimhaltenden nur die Möglichkeit, in seinen Kommunikationen die Erwartungen des anderen derart mit seinen eigenen Erwartungen zu harmonisieren, daß weder er noch der andere enttäuscht werden. Das läßt sich häufig jedoch nur dadurch erreichen, daß er den anderen über seine Absichten und Motive, seine Wahrnehmungen und Erfahrungen sowie über die Wirklichkeit der Umwelt in einer Weise täuscht, die als solche nicht auffällt oder aber nicht nachweisbar ist. Der Täuschende muß insgesamt weitaus mehr Möglichkeiten für sein Handeln und die Reaktionen des anderen in Betracht ziehen als der Getäuschte, der diese ja gerade durch sein Vertrauen ausgrenzt[51]. Der Geheimhaltende muß sich in weitaus stärkerem Maße als sein Partner bewußt der Kommunikation und allen ihren Komponenten zuwenden. Die Geheimhaltung verlangt von ihm eine erhebliche Steigerung seiner Aufmerksamkeit, von der ihn allenfalls eine Täuschungsroutine entlasten kann, weil sie ihm aufgrund der Erfolgserfahrung seiner Täuschungen eine höhere Erwartungssicherheit erlaubt[52].

Als Strategie der Verheimlichung empfiehlt sich die reflexive Geheimhaltung stets dann, wenn eine Geheimhaltung den normativen Erwartungen der an einer Situation oder Kommunikation Beteiligten widersprechen und den Abweichler diskreditieren oder mit zusätzlichen Initiativen belasten würde. Ebenfalls erweist sie sich dann als sinnvoll, wenn es den erwartbaren Folgen von Normverstößen ganz allgemein aus dem Wege zu gehen gilt: Was der Partner von einem nicht erwartet, weil es nicht in das Bild passen würde, das dieser von einem hat, wird man tunlichst auf diese Weise verheimlichen – vorausgesetzt, daß nicht gerade die Tatsache eben dieser Mitteilung das eigene Bild beim anderen verbessern würde. Der Vorteil einer reflexiven Geheimhaltung liegt ferner darin, daß ihre mögliche Auflösung für den anderen eine derartig hohe Überraschung[53] bedeuten kann, daß ihm die Adaptation an eine solche neue Situation als einzig adäquate Reaktionsmöglichkeit erscheint.

Gegenüber der einfachen Geheimhaltung kann die reflexive Geheimhaltung das Potential der Handlungsmöglichkeiten für den Geheimhaltenden schließlich noch insofern erhöhen, als sie ihm eine differenziertere Geheimnisauflösung ermöglicht. Die reflexive Modalisierung kann stufenweise revidiert werden, indem der Partner zunächst mit dem Geheimnis konfrontiert wird, wodurch seine bisherige Erwartungsgewißheit zumindest teilweise in Frage gestellt wird und sich seine Ungewißheit dadurch erhöht, daß er sich eines Informationsmangels bewußt wird und ihm erst dann zu einem späteren Zeitpunkt die Beseitigung dieser Ungewißheit durch entsprechende Mitteilungen ermöglicht wird[54].

Da weder im Falle der einfachen noch der reflexiven Geheimhaltung die Möglichkeit besteht, dem anderen den Geheimnisinhalt bzw. die Tatsache der Geheimhaltung durch eine Negation der Kommunikation, d. h. durch einen Kommunikationsverzicht oder eine generelle Verweigerung von Mitteilungen vorzuenthalten, weil man in Kommunikation nicht *nicht* kommunizieren kann[55], bedarf es zur effektiven Geheimhaltung über die bloße Modalisierung hinaus zumeist zusätzlicher kommunikativer Strategien. Derartige Strategien sind im Falle der reflexiven Geheimhaltung besonders notwendig, weil sie eine Kongruenz der Modalisierung der Mitteilung des Senders seitens des Empfängers, die als Möglichkeit im Falle der einfachen Geheimhaltung prinzipiell gegeben ist, wirksam verhindern müssen.

Die reflexive Geheimhaltung macht über die bloße Geheimhaltung des Geheimnisses hinaus solche Kommunikationen erforderlich, von denen ins vorhinein erwartbar ist, daß der Adressat die ihnen zugrundeliegenden Mitteilungen nicht in gleicher Weise modalisiert. Bei der bewußten Falsifikation[56] der Modalisierung wird sich der Geheimhaltende zunutze machen, daß das analoge Kommunikationsmaterial, das die Mitteilungen hinsichtlich ihres logischen Typus qualifiziert, stark antithetisch ist und unterschiedliche, z. T. gar widersprüchliche Digitalisierungen ermöglicht[57]. Die bewußte Falsifikation von Mitteilungen impliziert zugleich das Risiko, daß sie vom anderen in ihrem Charakter als Lüge erkannt und nachgewiesen werden könnte. Darüber hinaus erlaubt die generelle Mehrdeutigkeit analoger Mitteilungen, den anderen über den gemeinten Sinn im Unklaren zu lassen und ihm damit zugleich die Verantwortung für eventuelle Mißverständnisse zu übertragen. Die Techniken derartiger bewußter und zugleich nicht nachweisbarer Täuschungen des anderen sind mannigfaltig. Sie reichen von versteckten Andeutungen und Anspielungen bis hin zu ausgesprochenem ‚Schizophrenesisch' als einer Sprache, „die es dem Gesprächspartner überläßt, seine eigene Wahl unter vielen möglichen Bedeutungen zu treffen, die nicht nur untereinander verschieden, sondern sogar unvereinbar sein können"[58]. Damit ermöglichen diese Techniken dem Geheimhaltenden zugleich das Dementi jeder Bedeutungszuweisung und Modalisierung der eigenen Mitteilung. Schließlich kann der Geheimhaltende auch zum Zwecke seiner eigenen Sicherheit und zur Wahrung seines Geheimnisses die Erfahrung des anderen zu beeinflussen suchen, indem er Zweifel an dessen adäquater Modalisierung seiner Erfahrung äußert[59]. Er kann die Erfahrung des anderen etwa derart invalidieren, daß er ihn davon zu überzeugen sucht, daß seine Erfahrung nicht als Wahrnehmung bzw. Erinnerung früherer Wahrnehmungen, sondern als bloße Phantasie zu modalisieren ist. Ihren höchsten Grad erreicht eine solche Mystifizierung, wenn es gelingt, das gesamte Erleben des anderen in Konfusion geraten zu lassen[60]. Wenngleich der Geheimhaltende zu solchen Techniken der Selbstverteidigung wie des ‚Schizophrenesisch', der Invalidierung oder Mystifizierung in ausgeprägter Form nur dann greifen wird, wenn er mit seiner Geheimhaltung in eine Situation der Doppelbindung gerät – in der er, ganz gleich wie er sich auch immer verhielte, sich und sein Geheimnis verraten würde –, so lassen sie sich doch in gemilderter Form und geringerem Umfang als alltägliche Strategien der Verheimlichung und Verschleierung anwenden.

6. Zusammenfassung

Bevor wir die soziologische Betrachtung des Geheimnisses und der Geheimhaltung im folgenden vertiefen, seien die wesentlichen Ergebnisse der funktionalen Bestimmung des Geheimnisses noch einmal kurz zusammengefaßt.

Im Vergleich zu früheren Ansätzen auf der Basis sozialer Beziehungen und Interaktionen erschien die soziale Kommunikation als das zentrale Moment des Geheimnisses und der Geheimhaltung. Als gemeinsame Sinnaktualisierung mit zumindest einseitiger Informationsmöglichkeit impliziert Kommunikation immer auch eine systemtheoretische Perspektive. In einem solchen systemtheoretischen Kontext erwies sich das Geheimnis in einem ersten Ansatz als partielle Negation kommunikationsimmanenter und von anderen erwartbarer Informationsmöglichkeiten, ohne dabei jedoch zugleich die Kommunikation als solche zu negieren.[61] Eine eingehendere, an die kommunikationstheoretischen Grundlagen der neueren Schizophrenieforschung angelehnte Betrachtungsweise der Kommunikation als einer Sinnaktualisierung und -spezifizierung auf doppelter Ebene ermöglichte eine differenziertere Bestimmung des Geheimnisses. Im Gegensatz zur einfachen Mitteilung bzw. zu deren Negation hat das Geheimnis die Funktion einer Qualifikation von Mitteilungen. Es wurde verstanden als Modus potentieller oder aktueller Mitteilungen, der dem Sender die Retention von in der gemeinsamen Kommunikation relevanten Bewußtseinsinhalten erlaubt und damit zugleich – über die Kongruenz der Modalisierung der ihm zugrundeliegenden Mitteilung seitens des Empfängers – diesem prinzipiell die Information der Geheimhaltung ermöglicht. Insofern, als diese Modalisierung von den an der Kommunikation Beteiligten kongruent vollzogen wird, impliziert das Geheimnis eine doppelte Modalisierung. Die Entscheidung darüber, ob dem anderen diese Information der Geheimhaltung ermöglicht werden kann, oder ob ihm neben dem Geheimnisinhalt die Tatsache der Geheimhaltung gleichfalls vorzuenthalten ist, muß – da die einmal zustandegekommene Duplizität der Modalisierung als Geheimnis irreversibel ist – vor der jeweiligen Modalisierung getroffen werden. Dadurch wird dem Geheimnis als möglicher Mitteilung vom Sender selbst ein Kommunikationsmodus zugewiesen. Die Modalisierung wird damit auf einer höheren Ebene erneut modalisiert und somit reflexiv. Entscheidend dafür, ob auf dieser reflexiven Modalisierungsebene der Geheimhaltung selbst der Modus des Geheimnisses zugewiesen wird, d. h. ob sich der Sender innerhalb der Kommunikation einer einfachen oder reflexiven Geheimhaltung bedient, sind die Erwartungen, die sich hinsichtlich des Verhaltens, der Informationsverarbeitung, der Erwartungen und des Stils der Enttäuschungsreaktion von den an der Kommunikation Beteiligten antizipieren lassen. Diese Erwartungen muß der Geheimhaltende mit seinen eigenen Erwartungen koordinieren und harmonisieren. Je nachdem, wie diese Koordination und damit die Qualifikation der Geheimhaltung ausfallen, werden dem anderen Enttäuschungen zugemutet, oder muß der Geheimhaltende selbst entsprechende Enttäuschungsvorkehrungen treffen, die zusätzliche kommunikative Falsifikationsstrategien erforderlich machen können.

III. Geheimhaltung in einfachen Sozialsystemen

1. Strukturmerkmale einfacher Systeme

Als Phänomen sozialer Kommunikation implizieren Geheimnis und Geheimhaltung immer schon den Kontext eines sozialen Systems, wie wir zu Beginn des vorausgegangenen Kapitels zu zeigen versucht haben. Soziale Systeme bestehen aus sinnhaft aufeinander bezogenem, von anderem nicht dazugehörigem, abgrenzbaren Handeln und Erleben[62]. Dabei können Handlungen sowohl als sinnhaft aufeinander bezogene Aktivitäten von Individuen, d. h. von personalen Systemen verstanden, als auch sozialen Systemen zugeschrieben werden. Entsprechend dieser Unterscheidung von Handlungssystemen lassen sich damit auch unterscheidbare Systemreferenzen der Geheimhaltung ausmachen. Insofern als hier von intrapersonalen Mechanismen der Geheimhaltung oder deren Äquivalenten abgesehen werden soll[63], findet Geheimhaltung zwar stets in sozialen Systemen statt bzw. wird im Hinblick auf potentielle soziale Systeme getroffen. Geheimhaltender können jedoch sowohl einzelne Individuen wie auch soziale Systeme sein. Durch die Duplizität dieser Systemreferenzen[64] erübrigt sich eine Trennung theoretischer Betrachtungsweisen, etwa nach der Art individuenzentrierter, elementarer Interaktionen und organisationssoziologischer Makromodelle. Die Universalität der hier zugrundegelegten systemtheoretischen Perspektive ermöglicht in bezug auf unser Thema des Geheimnisses prinzipiell die Einbeziehung solch unterschiedlicher Phänomene wie des Verschließens von Weihnachtsgeschenken und der internationalen Politik militärischer Sicherheits- und Abschreckungsstrategien oder des Heiratsschwindels und des Geheimbundes bzw. der geheimen Männergesellschaft.

Je nach dem Ausmaß ihrer Komplexität sowie nach ihren unterschiedlichen internen Strukturen und Strukturmerkmalen lassen sich *einfache Sozialsysteme, Organisationen* und *Gesellschaft* als spezielle Typen sozialer Systeme unterscheiden.

Das kennzeichnende Strukturmerkmal einfacher Systeme[65] besteht – im Vergleich zu komplexeren Sozialsystemen beispielsweise vom Typ der Organisation – in der Anwesenheit der Beteiligten und damit zugleich in der wechselseitigen Wahrnehmung bzw. der gegenseitigen Wahrnehmbarkeit, durch deren Grenzen auch die Grenzen des gemeinsamen Systems umrissen werden[66]. Wahrnehmung impliziert die erlebnishafte Selektion jener Möglichkeiten, auf die das eigene Erleben aufgrund der ihm eigenen Sinnhaftigkeit verweist. Dadurch, daß sich die eigene Wahrnehmung dem Erleben der beteiligten Partner zuwendet und auf deren Seite mit einer entsprechenden Wahrnehmung koinzidiert, konstituieren sich einfache Sozialsysteme und begründen damit die

Nichtkontingenz ihrer Strukturen angesichts einer doppelten Kontingenz der Erlebenden[67]. Einfache oder situative Systeme sind ferner gekennzeichnet durch die Gegenwartsbezogenheit sowie die damit zumeist verbundene relativ kurzfristige Dauer, ihre unmittelbare Überschaubarkeit aufgrund ihrer geringen Komplexität sowie durch eine meist geringe Identifikation als System seitens der in ihnen agierenden Individuen.

Nicht notwendig umfaßt der Begriff des einfachen Systems die explizite sprachliche Kommunikation der anwesenden Beteiligten. Vielmehr entsprechen auch die gemeinsame Busfahrt, das schweigende Verweilen im Wartezimmer des Arztes oder das Schlangestehen vor der Kinokasse diesem Systemtyp. Insofern als sie über die einfache wechselseitige Wahrnehmung hinaus auch eine Reflexivität der Wahrnehmung zulassen – wodurch die jeweilige Wahrnehmung der Beteiligten selbst wieder zum Inhalt von Wahrnehmungen wird –, implizieren derartige Systeme bereits die Möglichkeit wechselseitiger Information durch gemeinsame Sinnaktualisierung und damit – wenngleich auch nur in einer ganz speziellen und rudimentären Weise – grundlegend auch soziale Kommunikation[68], die als solche wiederum den Bezugspunkt für die Möglichkeit von Geheimhaltung abzugeben vermag.

Bevor dies jedoch expliziert werden kann, bedarf es einer eingehenderen Betrachtung und Unterscheidung der Prozesse sozialer Wahrnehmung und Kommunikation. Im Vergleich zur Kommunikation als gemeinsamer Sinnaktualisierung mit zumindest einseitigem Informationscharakter bedeutet Wahrnehmung die einseitige sinnhafte Aktualisierung und Selektion eigenen wie fremden Erlebens. Zwar ist anzunehmen, daß die individuelle Wahrnehmung sowohl in ihrem Selektionspotential wie auch in ihren einzelnen Selektionen einer Steuerung und entsprechenden Vorselektionen durch umfangreiche Sozialisations- und Lernprozesse unterliegt; im Vergleich zum kommunikativen Informationsaustausch ist sie jedoch zunächst unabhängig vom Kontext sozialer Systeme. Während Kommunikation in bezug auf den generellen Überraschungscharakter von Informationen insofern eine ‚Sozialisierung' dieser Überraschungen[69] bedeutet, als sie einen Informationsausgleich ermöglicht, ließe sich die Erlebnisselektion der Wahrnehmung eher als ‚Privatisierung' von Überraschungen kennzeichnen[70]. Damit stellt die Wahrnehmung des anderen stets schon einen Unsicherheitsfaktor dar. Wie der andere mich erlebt und darüber hinaus mein Erleben in seiner Wahrnehmung selektiert, ist in hohem Maße kontingent, weil das aktuelle Erleben immer schon sinnhaft auf andere Möglichkeiten verweist. Diese Unsicherheit der Wahrnehmung des anderen und seiner Aktualisierung von Informationen kann auch dadurch nicht endgültig beseitigt werden, daß der andere seine Wahrnehmungen selbst wieder – bewußt oder unbewußt – meiner Wahrnehmung zugängig werden läßt; denn bereits dieser Ausdruck von der Tatsache und der Art seiner Wahrnehmung orientiert sich an Erwartungen und ist selektiv. Die reflexive Wahrnehmung ermöglicht nur geringe und wenig exakte Informationen und beläßt zu viele Möglichkeiten als Möglichkeiten, ohne ihre Wahrscheinlichkeit mit erfassen zu können. Darüber hinaus hat die averbale Mitteilung von Wahrnehmungen eine nur geringe Verbindlichkeit und Authentizität als Mitteilung bzw. als Information insofern, als sie sowohl hinsichtlich ihres Kommunikationscharakters als auch im Hinblick auf ihren jeweiligen Inhalt in der Mehrzahl der Fälle negierbar ist, sobald sie als solche thematisiert und damit zum

Gegenstand sprachlicher Kommunikationen wird, was wesentlich daraus resultiert, daß das Wahrnehmen sozial weithin „nicht als Handeln zugerechnet wird".[71] Eindeutige Vorteile gegenüber der Kommunikation bietet das Wahrnehmen durch die simultane Aktualisierbarkeit divergierender Möglichkeiten und ihr hohes Tempo. Wahrnehmung ermöglicht eine Spezifizierung des in der gemeinsamen Kommunikation gemeinten Sinnes und erlaubt eine Erweiterung der aktuellen Aufmerksamkeit und Verständigung in einem die Kommunikation überschreitenden Maße. Wenngleich die Wahrnehmung als Hören – bzw. im Falle der schriftlichen Kommunikation als Sehen – auch digitales Kommunikationsmaterial zu Informationen verarbeitet, so erstreckt sie sich doch primär – und im Falle der averbalen Kommunikation wechselseitiger Wahrnehmung eben ausschließlich – auf analoges Material, auf Gestik, Mimik und paralinguistische Phänomene.[72]

a) Reziproke Wahrnehmung

Da auf der analogen Kommunikationsebene jedoch die Möglichkeit der Negation generell fehlt, ist es unmöglich, innerhalb elementarer, ausschließlich auf wechselseitiger Wahrnehmung basierender Kommunikationen die eigenen Mitteilungen – in diesem Fall die Ermöglichung der Wahrnehmbarkeit der eigenen Wahrnehmung bzw. des Wahrgenommenen – hinsichtlich ihres Kommunikationsmodus eindeutig zu qualifizieren, d. h. zu modalisieren. Insofern als bereits die einfache, nicht reflexive Geheimhaltung eine Qualifizierung des Kommunikationsmodus von Mitteilungen impliziert, ist diese Form der Geheimhaltung in einfachen Sozialsystemen ohne sprachliche Kommunikation somit kaum möglich. Wenngleich es bei einiger Übung und Geschicklichkeit durch eine entsprechende Kontrolle und Selektion des eigenen Ausdrucks auch möglich sein mag, bei den Partnern den Eindruck zu erwecken, bestimmte Aspekte innerhalb des gemeinsamen Wahrnehmungsraumes nicht wahrgenommen zu haben oder sie zumindest darüber im Unklaren zu lassen, ob man diese wahrgenommen hat oder nicht, man also die Wahrnehmbarkeit der eigenen Wahrnehmung einzuschränken vermag[73], so läßt sich doch weder die Wahrnehmung selbst noch deren jeweiliger Inhalt vor den an der gemeinsamen Situation Beteiligten in dem Sinne verheimlichen, daß diese Selektion in ihrem Charakter einer sinnhaften Negation der Mitteilbarkeit von Informationen nachweisbar wäre. Ebenso wie man für sein Wahrnehmen nicht verantwortlich gemacht werden kann, weil ihm der Handlungscharakter weithin fehlt, unterliegt das eigene Wahrnehmen auch nicht dem Anspruch seiner Wahrnehmbarkeit seitens der Beteiligten. Wo eine Mitteilungserwartung nicht einmal hypothetisch vorausgesetzt bzw. erwartet werden kann, braucht sie als solche auch nicht negiert zu werden und befreit damit zugleich von der Möglichkeit einer Enttäuschung auf seiten der Teilnehmer aufgrund von Nichtmitteilungen.

Daß die wechselseitige Wahrnehmung zwischen Anwesenden aufgrund ihrer fehlenden Negierbarkeit eine einfache Geheimhaltung unmöglich macht, muß jedoch nicht zugleich bedeuten, daß das Phänomen der Geheimhaltung damit insgesamt für derartige einfache Systeme irrelevant wäre. Die mangelnde Negierbarkeit der Kommunikation auf der Wahrnehmungsebene schließt nämlich nicht aus, daß die Teilnehmer im

Hinblick auf das aktuelle Situationssystem oder auch generell gegenüber ihrem jeweiligen Partner die Möglichkeit der Wahrnehmbarkeit bestimmter Fakten oder Ereignisse zu negieren suchen. Bei der alltäglichen Selbstdarstellung[74] nimmt wohl jeder solche an der Wahrnehmung der Teilnehmer orientierten Wahrnehmbarkeitsnegationen vor, um einen möglichst günstigen Eindruck zu erwecken. Man versucht die Wahrnehmbarkeit bzw. die Visibilität von darstellungsinkonsistenten Merkmalen zu negieren, weil sich der Sachverhalt selbst gerade nicht negieren läßt. Damit ein solches Manöver jedoch von Erfolg ist, muß nicht nur das Negierte sondern auch die Tatsache des Negierens der Wahrnehmung der Beteiligten entzogen bleiben; denn vom Negieren kann nur allzu schnell auf den zu negierenden Inhalt geschlossen werden. Das aber heißt, daß das, was der Wahrnehmung der anderen entzogen bleiben soll, reflexiv geheimgehalten werden muß. Vor allem bei Stigmatisierten jeder Art[75] gelingt eine solche Geheimhaltung jedoch nicht immer. Man kann so etwa jemandem ansehen, daß er angetrunken ist und dies zugleich peinlich zu verbergen sucht, sein Gähnen mit mehr oder weniger großem Erfolg unterdrückt oder seine Kurzsichtigkeit überspielt. Die Verheimlichung eines Stigmatisierten wird damit gleichsam zu einem ‚offenen Geheimnis'[76]. Ohne ausdrücklich in das Geheimnis eingeweiht zu sein, wissen die Beteiligten darum, dürfen sich dieses Wissen jedoch ihrerseits – aus Gründen des Taktes oder um selbst nicht Darstellungsinkonsinkonsistenzen ausgesetzt zu sein –, nicht anmerken lassen. Wer andererseits jedoch von vornherein weiß, daß es ihm selbst mit reflexiver Geheimhaltung nicht gelingen wird, seine Symptome der Wahrnehmung anderer zu entziehen, der muß zu vermeiden suchen, daß es zwischen ihm und anderen überhaupt zu einer sozialen Situation kommt[77], indem er etwa aus dem Wege geht, den Blicken des anderen ausweicht oder im Extremfall gar die Flucht ergreift – wie jener Patient einer psychiatrischen Klinik, der sich unverhofft einer Freundin konfrontiert sieht, die er auf keinen Fall über seinen derzeitigen Aufenthalt informiert wissen will.[78]

b) Sprachliche Kommunikation

Sprachliche Kommunikation unterscheidet sich von bloßer auf reziproker Wahrnehmung beruhender Kommunikation durch ihren Handlungscharakter, ihre hohe Selektivität und den höheren Informationsgrad der übermittelten Nachrichten. Sprechen erfordert von den Beteiligten eine höhere Aufmerksamkeit als bloßes Wahrnehmen und bedingt damit zugleich eine zeitliche Reihenfolge der jeweiligen Kommunikationen und somit eine höhere Ordnung des Kommunikationsprozesses.[79] Erst durch Sprache wird Kommunikation authentisch und kann auf den Austausch von Informationen spezialisiert werden. Ebenso wie es einfache Systeme gibt, die auf sprachliche Kommunikation weithin verzichten können – wir nannten beispielsweise das Wartezimmer einer Arztpraxis; ein deutlicheres Beispiel ist wegen der gesteigerten Interaktion das Fußballspiel[80] – und sich nahezu ausschließlich über wechselseitige Wahrnehmung der Anwesenden strukturieren, können sich einfache Systeme auch auf sprachliche Kommunikation spezialisieren.

Sprache stellt als digitale Kodierung eine unabdingbare Voraussetzung einfacher Geheimhaltung dar, weil sie erst eine Modalisierung von Mitteilungen derart ermöglicht, daß sie den Adressaten über den gleichzeitigen Nichtmitteilungscharakter der Mitteilung informiert. Dennoch ist Sprache allein nicht immer eine ausreichende Bedingung einfacher Geheimhaltung. So sind etwa einfache, auf sprachlichen Informationsaustausch spezialisierte Systeme denkbar – wie beispielsweise in der Schiffahrt die Kommunikation über Flaggen- und Lichtsignale oder die akustische Signalübermittlung in Gefängnissen mit Hilfe von Wasser- und Heizungsrohren – in denen die einfache Geheimhaltung ebenso unmöglich ist wie bei jenen auf wechselseitige Wahrnehmung spezialisierten Kommunikationssystemen. Während diese Sprachbeispiele durch ihr geringes Signalpotential und mangelnde Fähigkeit zu logischen Operationen gekennzeichnet sind[81], kann eine Geheimhaltung selbst in komplexeren Sprachen – wie etwa Computersprachen –, die diese Mängel kaum aufweisen, als unmöglich erscheinen. Um einfache Geheimhaltung innerhalb von sprachlich spezialisierten Kommunikationssystemen überhaupt zu ermöglichen, bedarf es vielmehr eines ausreichenden logischen Potentials der verwendeten Sprache nach Art der logischen Typen[82]. Bei ausschließlich sprachlicher Kommunikation, die im Extrem des schriftlichen Verkehrs auf paralinguistisches analoges Kommunikationsmaterial verzichtet, muß die Sprache unterschiedliche Kommunikationsebenen implizieren, um eine Qualifizierung der jeweiligen Kommunikation nach ihrem Modus zu ermöglichen[83]. Das gilt auch für die Modalisierung als Geheimnis.

Im Vergleich zu den beiden Extremfällen spezialisierter Kommunikationen sind einfache Systeme in der Regel durch eine Duplizität der Kommunikation aufgrund wechselseitigen Wahrnehmens und Sprechens gekennzeichnet. Wahrnehmen und Sprechen können in der Kommunikation sowohl als sich ergänzende bzw. einander verstärkende Selektionsformen der Erlebnisverarbeitung als auch als hinsichtlich ihrer Funktion differenzierbare Prozesse fungieren: Man kann etwa dem Partner die eigenen Gefühle auf ziemlich diffuse Weise auf dem Wege der Wahrnehmung, konkreter durch ihre Verbalisierung oder gar durch lautstarke Handgreiflichkeiten mitteilen oder sich durch einen verstohlenen Blick auf die Uhr, durch den verbalen Hinweis auf anderweitige Verpflichtungen sowie durch die sprachliche Verdeutlichung einer bereits wahrnehmbaren mangelnden Kommunikationsbereitschaft über die Beendigung einer gemeinsamen Situation verständigen. Aufgrund dieser Duplizität der Kommunikationsprozesse findet in einfachen Systemen in der Regel sowohl analoges als auch digitales Kommunikationsmaterial Verwendung.

2. Geheimhaltung in einfachen Systemen

In einfachen Systemen kann der Wahrnehmung eine vorrangige Bedeutung beigemessen werden. Von den Teilnehmern elementarer Interaktionen wird eine hohe Aufmerksamkeit gefordert. Zur adäquaten Erfassung des jeweils gemeinten Sinnes von Kommunikationen muß sich diese Aufmerksamkeit sowohl auf das analoge und digitale Material verbaler Kommunikationen erstrecken, als auch die parallel dazu verlaufenden Handlungen und Wahrnehmungsprozesse zu erfassen suchen. Der Wahrnehmung analogen Kommunikationsmaterials im verbalen Informationsaustausch kommt in einfachen Systemen eine besondere Funktion zu, weil die Signale der verbalen Kommunikationsebene vorwiegend auf der averbalen Ebene qualifiziert werden, wozu ja gerade der unmittelbare visuelle und akustische Kontakt der Anwesenden die notwendigen Voraussetzungen gewährt. Die erforderliche Modalisierung der sprachlichen Mitteilungen auf der Wahrnehmungsebene beschränkt sich nicht auf die empfangenen Mitteilungen, sondern schließt notwendig auch die eigenen Mitteilungen ein[84], um deren jeweilige Kongruenz zu ermöglichen. Damit eine Mitteilung somit in ihrem Charakter der Geheimhaltung verstanden werden kann, ist es nicht nur erforderlich, daß der Sender seine Mitteilung als Geheimnis modalisiert und damit seine Absicht, über die Selektivität und bewußte Unvollständigkeit seiner Mitteilung zu informieren, zu erkennen gibt, sondern, daß auch der Empfänger in bezug auf die Mitteilung eine entsprechende Modalisierung vornimmt. Dabei ist es ebenso möglich, daß die Information der Geheimhaltung beim Empfänger aus Gründen mangelnder Aufmerksamkeit gar nicht als solche aufgenommen wird, wie auch der Sender seine Mitteilung bewußt doppeldeutig modalisieren kann und damit den gemeinten Sinn seiner Mitteilung über den eigentlichen Geheimnisinhalt hinaus geheimzuhalten vermag. Durch eine bewußt inkongruente Modalisierung der Geheimhaltung durch den Empfänger bietet sich andererseits die Möglichkeit, die Geheimhaltungsabsicht des Senders zu übergehen und für den gemeinsamen Systemkontext mehr oder weniger effektiv zu negieren. Ähnlich wie man den Kommunikationsmodus des Witzes nicht zu akzeptieren braucht, wenn man seinerseits die Mitteilung des anderen als Taktlosigkeit oder gar Unverschämtheit qualifiziert, läßt sich der Modus des Geheimnisses einer fremden Mitteilung dadurch negieren, daß man seinerseits – auf einer dritten logischen Ebene – die Modalisierung beispielsweise als Witz oder Scherz modalisiert und diese Modalisierung entweder auf der Ebene wechselseitiger Wahrnehmung oder verbal zum Ausdruck bringt und so den Geheimhaltungsanspruch bzw. die -erwartung zurückweist. Ebenso wie der Sender seine eigene Modalisierung vom anderen bewußt mißverstehen lassen kann, ohne damit Gefahr zu laufen, zu einem späteren Zeitpunkt der absichtlichen Lüge bezichtigt zu werden, kann der Empfänger den Modus einer Mitteilung bewußt mißverstehen, ohne daß ihm damit zugleich auch die Absicht nachgewiesen werden könnte.

Zwar ist es in einfachen Systemen zumeist nicht allzu schwierig, den aktuellen Kommunikationsfluß zur Klärung von Modalisierungsdiskrepanzen und Unsicherheiten zu unterbrechen, nachzufragen, wie etwas gemeint war oder wahrgenommene Mißverständnisse der Teilnehmer durch zusätzliche Erläuterungen zu beseitigen, doch ist es auch auf dieser metakommunikativen Ebene nicht ausgeschlossen, daß Mißverständnisse, zu denen einzelne bewußt beigetragen haben, als solche eingestanden oder entlarvt werden; auch können sie auf dieser Ebene zusätzlich entstehen. Dann besteht nicht nur die Gefahr, daß das ursprüngliche Thema aus dem Bewußtsein gerät, sondern daß die Kommunikation sich durch die wechselseitige Unterstellung geheimer Absichten und Motive schließlich gar der Möglichkeit der Metakommunikation beraubt und zu einem ‚Spiel ohne Ende'[85] wird, das schließlich nur noch durch den unbeteiligten Außenstehenden oder durch vorherige Vereinbarungen hinsichtlich der zeitlichen Dauer, durch mahnende Verweise auf das eigentliche Thema oder durch Abbruch der Kommunikation beendet werden kann. – Trotz der Möglichkeit metakommunikativer Verständigung in einfachen Systemen wird stets nur ein Bruchteil von Modalisierungsinkongruenzen und sonstigen Mißverständnissen ausdrücklich verbalisiert werden; über sie ist auch ein Informationsaustausch auf der Ebene wechselseitiger Wahrnehmung möglich – oder aber sie bleiben latent.

Ähnlich der verbalen Kommunikation bedürfen auch die eigenen wie die fremden Wahrnehmungen einer Modalisierung[86]. Als individuelle Erlebnisverarbeitung eigenen oder fremden Erlebens ist die Wahrnehmung sowohl vom wahrgenommenen Objekt als auch vom wahrnehmenden Individuum abhängig. Subjekt wie Objekt der Wahrnehmung können zu deren Verzerrung beitragen. Eher als die eigene Wahrnehmung wird vor allem die Wahrnehmung der Kommunikationspartner als kontingent erlebt, wenn es zu Wahrnehmungsinkongruenzen kommt, obgleich die eigene Wahrnehmung im gleichen Maße durch eigene Erwartungen, Voreingenommenheit und Vorurteile oder durch Unaufmerksamkeit verzerrt sein kann. So kann schließlich die faktische oder nur projizierte Wahrnehmungsverzerrung auf seiten des Kommunikationspartners das Objekt dieser Wahrnehmung verunsichern; dem anderen werden geheime Absichten unterstellt und, ohne sie zu überprüfen oder sie als solche zu verbalisieren, konfrontieren sie das eigene Verhalten mit Kontingenz, rufen Mißtrauen hervor, das schließlich zum Selektionsfilter der eigenen Mitteilungen werden und damit zum eigenen reflexiven Geheimhalten veranlassen kann[87].

Inkongruenzen zwischen dem analogen und digitalen Material einer Mitteilung[88] können schließlich zum Mißlingen einer intendierten Modalisierung führen. Ebenso wie ein Witz häufig dadurch zunichte gemacht werden kann, daß man beim Erzählen das eigene Lachen nicht unterdrücken kann, so kann man Geheimnisse – sowohl die Tatsache der Geheimhaltung wie auch ihren jeweiligen Inhalt – durch seine Mimik und Gestik verraten, obwohl dies durch sprachliche Beteuerungen gerade vermieden werden soll[89]. Averbale Kommunikationen lassen sich sehr viel schwieriger kontrollieren als sprachliche Mitteilungen. Zwar wird Geheimhaltung in ihrer nichtreflexiven Form erst durch sprachliche Kommunikation möglich, doch bedarf es zu einer effektiven Geheimhaltung eines erheblichen Maßes der Kontrolle und Beherrschung der eigenen Ausdrucksfähigkeit und nicht zuletzt einiger Routine.[90] Geheimhaltung setzt ein Maß an Selbststeuerung auf seiten des personalen Systems voraus, das mit bloßer Spontaneität nicht zu bewältigen ist[91]. Deshalb können sich gerade auch Kinder dieser Strategie nur selten adäquat bedienen.

Fremde Mitteilungen als Geheimhaltung zu modalisieren und diese Modalisierung aufgrund der damit verbundenen Enttäuschung zum Ausdruck zu bringen, erweist sich besonders dann als fragwürdig, wenn die Modalisierung auf seiten des Geheimhaltenden nicht eindeutig ist. Der bloße Verdacht, der andere halte geheim, ist in der Regel nicht beweisfähig. Durch ein direktes Ansprechen auf eine vermutete Geheimhaltung oder gar auf eine Lüge versetzt man den Kommunikationspartner zwar in den Zwang, Stellung zu beziehen und Antwort zu geben[92]. Doch kann man damit zugleich auch Gefahr laufen, als besonders mißtrauisch oder gar als nicht ganz normal hingestellt zu werden. Selbst für den Fall, daß man sich seines Eindrucks sicher ist, kann eine Thematisierung solcher Retentionen nicht vor dem möglicherweise erfolgreichen Versuch der Invalidierung[93] der eigenen Wahrnehmung und Erfahrung von seiten des

Partners bewahren. Wie auch sozialpsychologische Experimente bestätigen[94], erhöht sich dieses Risiko, wenn solch ein Destruktionsversuch des eigenen Erlebens die Unterstützung mehrerer oder aller anderen Anwesenden findet. Ein derartiger Invalidierungsversuch muß dem Partner nicht notwendig bewußt sein. Allein die Furcht, man könnte einer solchen Strategie erliegen, kann bereits die Thematisierung als unangebracht erscheinen lassen.[95] Einem solchen Risiko unterliegt in einfachen Systemen jede ausdrückliche Thematisierung.[96]

In einfachen Systemen können gar nicht alle internen Möglichkeiten thematisiert werden. Vielmehr hat die Thematisierung als Selektion aus möglichen Themen bereits die Funktion einer Systemstruktur. Das jeweilige Thema eines Systems wird zur Leitlinie, an der sich die Beiträge – aber in gewisser Weise auch das Wahrnehmungs- und Aktionspotential – der Anwesenden orientieren. Wenngleich ein Thema durch seine Funktion der Reduzierung *und* Erhaltung anderer thematischer Möglichkeiten auch gelegentliche Exkurse, Abweichungen und Unterbrechungen generell ermöglicht, so ist dennoch nicht jeder Verdacht thematisierbar, die anderen würden mit ihrer Behandlung und Fortführung des Themas einen geheimen Sinn verbinden. Das würde ein System gleichfalls an den Rand seines Kommunikationspotentials bringen, wie es im Extrem beispielsweise in Kommunikationen mit Schizophrenen der Fall sein kann, die gerade nicht in der Lage sind, eine Äußerung in ihrem vom Sender gemeinten Sinn zu erfassen, sondern hinter jeder Äußerung eine verborgene Bedeutung vermuten, die ihnen schaden könnte.[97]

Dem Risiko einer expliziten Thematisierung der eigenen Geheimhaltung läßt sich in einfachen Systemen zumindestens so lange nicht generell aus dem Wege gehen, wie die eigene Anwesenheit im System nicht kontingent ist. Wer die Tatsache einer Geheimhaltung zwar nicht verheimlichen, wohl aber den Anwesenden die daraus mögliche Enttäuschung und sich selbst die daraus resultierenden Reaktionen ersparen möchte, kann jedoch dem möglichen Antwortzwang, dem er durch die thematische Zentrierung auf sein Geheimnis ausgesetzt wäre, auf unterschiedliche Weise auszuweichen versuchen. Vor allem in der Konstitutionsphase einfacher Systeme aber auch bei späterem Themenwechsel kann er auf die Themenwahl Einfluß zu nehmen und für ihn peinliche oder im Kontext seines Geheimnisses relevante Themen zu vermeiden suchen. Bereits wenn ein Thema heikel zu werden droht, kann man seine Unlust und sein Desinteresse an der weiteren Fortführung bekunden, ohne sich notwendigerweise darüber verbal verständigen zu müssen. Auch plötzliche, überwältigende Müdigkeit kann den gleichen Erfolg erzielen, solange sie nicht als Ausweichmanöver durchschaut wird. Wenn man es schon nicht schafft, tatsächlich einzuschlafen, so kann man sich schließlich gar schlafend stellen. Das entlastet nicht nur von weiterer Darstellung[98], sondern auch von der Sorge, innerhalb der Kommunikation mit seinem Geheimnis in Bedrängnis zu geraten. Läßt das Thema selbst keine Wahl mehr zu, so bleibt zumeist doch die Möglichkeit, entsprechende Selektionen und Manöver bei der Wahl der Beiträge vorzunehmen.

Während der für das gemeinsame Handeln erforderliche Konsens in einfachen Systemen bereits durch die Anwesenheit der Beteiligten weitgehend unterstellt werden kann, ohne tatsächlich in seiner Faktizität und Reichweite überprüft zu werden – das würde das Komplexitätspotential dieser Systeme in der Regel erheblich überlasten –, kann eine Geheimhaltung, die durch einen ausdrücklichen Hinweis seitens des Geheimhaltenden oder durch gezieltes Ansprechen durch die Nichteingeweihten innerhalb des Systems manifest wird, den bislang vorausgesetzten Konsens problematisieren und die Teilnehmer mit seinem fiktiven Charakter konfrontieren[99]. Zwar können einfache Systeme Kontingenz etwa in der Form divergierender Meinungen und Ansichten zulassen, doch reicht die Systemstruktur und damit die interne Nichtkontingenz solcher Systeme nicht zur unbeschränkten Duldung von Kontingenz aus. Dies kommt u. a. darin zum Ausdruck, daß in diesen Systemen Konsens über akzeptierten Dissens in der Form formalisierter Konflikte[100] kaum oder nur in ganz geringem Umfang vorhanden ist. Für derartig komplexe Kommunikationsformen erweist sich die Eigenkomplexität einfacher Systeme in der Regel als unzureichend. Während ein Großteil faktisch vorhandenen Dissenses somit von den personalen Systemen innerhalb des Sozialsystems immer schon verborgen und reflexiv geheimgehalten werden muß – Konsens kann in einfachen Systemen eben nur dann erfolgreich unterstellt werden, wenn er von den Beteiligten keine allzu große Offenheit fordert –, kann eine manifeste Geheimhaltung seitens eines oder einzelner Teilnehmer die gemeinsame Vertrauensbasis ganz erheblich belasten. Die Geheimhaltung, die sich als Problemlösungsstrategie personaler Systeme durchaus als günstig erweist, erscheint im Hinblick auf die Systemprobleme einfacher Systeme dysfunktional. Durch Geheimhaltung wird das Sozialsystem mit illegalem Dissens und durch den Geheimnisinhalt, der sich dem kommunikativen Zugriff der Teilnehmer entzieht, zugleich mit unüberwindbarer Kontingenz konfrontiert. Im Gegensatz zur Thematisierung sonstiger Störungen und Fehler sowie der dadurch möglichen Korrektur, verschärft die Thematisierung einer Geheimhaltung in der Regel nur die Störung, ohne sie beseitigen zu können. Auch kann man eine Geheimhaltung in ihrer dysfunktionalen Bedeutung für das System nicht durch eine Entschuldigung negieren. Allenfalls lassen sich durch entsprechende Erklärungen Enttäuschungsvorkehrungen gegenüber den Anwesenden treffen.

Nicht selten wird auch allein die Tatsache, daß jemand etwas geheimzuhalten wünscht, zum Anlaß eines ausgesprochenen Verfahrens[101] gegen ihn werden. Er wird in der Form eines Verhörs systematisch auf die Preisgabe bzw. den Verrat des Geheimnisses eingeengt, indem ihm Fallen gestellt werden und er mit seinen eigenen Widersprüchen konfrontiert wird. Indem die Geschichte der so erbrachten Selektionen, der Antworten und Ausflüchte schließlich zur eigenen Struktur wird, kann das Verhör bzw. Verfahren selbst einen – wenn auch vom üblichen Kommunikationsablauf schwer und nur teilweise abgrenzbaren – Systemcharakter annehmen. – Auch ist der Fall nicht ausgeschlossen, daß die Anwesenden die Preisgabe des Geheimnisses durch die Moralisierung[102] der Geheimhaltung manipulativ zu erzielen und dadurch ihrerseits die im Geheimnis implizierte Nichtmitteilung und die Kontingenz seines Inhaltes zu negieren suchen,ein Verfahren, vor dem nicht nur Kinder mit ihren Geheimnissen oder durchschauten Lügen kapitulieren, wenn sie derart von ihren Eltern bedrängt werden!

3. Geheimhaltung als Strategie personaler Systeme

Aufgrund ihrer geringen Systemidentität verfügen einfache Systeme in der Regel nicht über ein eigenes Handlungspotential als System. Einfache Systeme bieten allein den Sinnzusammenhang, der erst eine Interaktion handelnder personaler Systeme ermöglicht. Entsprechend kommt auch eine Geheimhaltung als Strategie der Problemlösung einfacher Systeme kaum in Betracht. Geheimhaltung erscheint hier eher als ein Lösungsversuch von Problemen auf der Ebene personaler Systeme. Koalitionen und gegenseitige Unterstützung der Geheimhaltung einzelner gegenüber dem Rest der Anwesenden sind damit nicht ausgeschlossen.

Insofern als personale Systeme einen Teil der Umwelt des sozialen Systems darstellen, berührt das Geheimnis immer auch das System-Umwelt-Problem einfacher Systeme. Durch das Faktum der Geheimhaltung erfahren die Erwartungen, an denen die Teilnehmer aufgrund der vermeintlichen gemeinsamen Situationsdefinition ihr Handeln orientieren, eine Kollision. Vor allem der Umweltentwurf des Systems wird durch die Geheimhaltung infrage gestellt. Während normalerweise durch die explizite Thematisierung Möglichkeiten der *anwesenden* Umwelt[103] aktualisiert werden, bzw. die Aktualisierung von Möglichkeiten, die innerhalb der Grenzen des gemeinsamen Wahrnehmungsraumes liegen, erwartet werden kann, verlagert der Geheimhaltende einen Teil dieser Möglichkeiten in die *nicht anwesende* Umwelt und entzieht sie damit der gemeinsamen Thematisierung. Obwohl der Geheimnisinhalt im Sinnkontext des Systems als relevante Möglichkeit erscheint, wird der sinnhafte Zugriff des Systems auf eben diese Möglichkeit von seiten der Umwelt verwehrt. Durch die Geheimhaltung stabilisiert das Individuum sein eigenes Komplexitätsgefälle als personales System gegenüber dem sozialen System momentaner Anwesenheit und trägt damit seinerseits zur Verdeutlichung und Verstärkung der Grenze des Sozialsystems bei. Zugleich verweist das Geheimnis auf anderen, durch das personale System konstituierten oder im Kontext anderer Systemmitgliedschaften relevanten Sinn als konkurrierende Prämisse aktueller sinnhafter Erlebnisverarbeitung der Anwesenden. Für die aus dem Geheimnis Ausgeschlossenen erscheint das aktuelle Handeln und Erleben des Geheimhaltenden möglichkeitsreicher, ohne daß ihnen zugleich auch ersichtlich wäre, in welche konkreten Möglichkeiten dieses Handeln und Erleben integriert wird. Die Geheimhaltung verdeutlicht, daß die aktuellen Bedingungen der Möglichkeit von Handeln, die unter den Anwesenden gelten, vom Geheimhaltenden nicht als Bedingungen jener Möglichkeiten akzeptiert werden, die der Inhalt seines Geheimnisses umfaßt. Das Geheimnis verhindert, daß in bezug auf seinen Inhalt die Erwartungen des Geheimhaltenden erwartbar sind; statt dessen werden die übrigen Teilnehmer der Interaktion vielmehr mit der Erwartung konfrontiert, die Geheimhaltung als solche zu respektieren. Unabhängig davon, ob diese Erwartung des Geheimhaltenden respektiert wird oder nicht, konfrontiert allein die Mitteilung dieser Erwartung bzw. deren erwartbare Antizipation von seiten der Nichteingeweihten mit der Systemgrenze und macht zusätzliche Verständigungen über deren Gültigkeit und Reichweite erforderlich. Wie weit die Grenzen eines Systems gezogen werden, was in den Geltungsbereich des Systems einbezogen wird und wie die Differenzierung von der anwesenden zur nichtanwesenden

Umwelt vorgenommen wird, ist eine Frage des konkreten Einzelfalles, die beispielsweise davon abhängig ist, ob nur das jeweils wahrnehmbare Verhalten oder etwa auch die Gesinnung der einzelnen Teilnehmer einer gemeinsamen Sinnaktualisierung unterzogen werden.[104]

Daran, daß die Geheimhaltung in einfachen Systemen vorwiegend als Strategie personaler Systeme zu verstehen ist, und somit auch nicht als Lösung von Problemen auf der Sozialsystemebene betrachtet werden kann, muß sich nicht notwendig allein schon durch die Tatsache etwas ändern, daß etwa die Teilnehmer einer dyadischen Beziehung ihr gemeinsames Handeln – eine begangene Straftat, ihre momentane Intimität oder ihre gemeinsamen Pläne – gegenüber Nichtteilnehmern geheimzuhalten suchen. Eine derartige Geheimhaltung stellt die Teilnehmer zwar vor das Problem, für die gemeinsame Geheimhaltung Konsens zu schaffen und aktuelle wie künftige Kommunikationen in anderen Systemen kongruent zu modalisieren, doch wird dadurch die Geheimhaltung – weder von den Geheimhaltenden noch von seiten der Umwelt – noch nicht als Systemhandeln identifiziert. Damit ein aktuelles Handeln innerhalb einfacher Systeme dem Erleben Außenstehender entzogen bleibt, kann eine Einschränkung der Visibilität dieses Handelns ausreichen. Häufig wird den Handelnden jedoch über die aktuelle Abschirmung hinaus an einer dauerhaften Negation der Möglichkeit einer divergierenden Sinnaktualisierung des Handelns von seiten der Umwelt gelegen sein: weder soll das aktuelle Handeln von anderen wahrgenommen werden können, noch sollen sie je davon erfahren. Wenn sich das Handeln auch aufgrund seiner Folgen nicht mehr verheimlichen läßt, so sollen zumindest die Akteure nicht identifiziert werden können. Das kann zur Folge haben, daß die gemeinsam auferlegte Geheimhaltungsverpflichtung in ihrer Geltung über die Anwesenheit der Teilnehmer und den Kommunikationskontext des Systems hinausreicht. Dadurch werden zusätzliche Abstraktionsleistungen erforderlich, die eine Systemidentifikation der Geheimhaltenden voraussetzen.

Der Systemcharakter einer Interaktion kann in ähnlicher Weise für die Interaktionspartner erfahrbar werden, wenn sich der Kreis der Anwesenden plötzlich erweitert, indem Teilnehmer von außen hinzutreten. Die bisherigen Interaktionspartner können sich durch dieses Ereignis zu einer gemeinsamen Außendarstellung gezwungen sehen. Durch einen mehr oder weniger auffälligen Themenwechsel können die aktuelle Kommunikation und der bisherige Informationsaustausch gegenüber den hinzukommenden Partnern abgeblockt werden; auch kann eventuell durch ein entsprechendes Informationsmanagement eine doppelte Systemreferenz durchgehalten werden, wie es gelegentlich zu beobachten ist, wenn Kinder in ein Gespräch unter Erwachsenen hineinplatzen. Unter ‚gleichberechtigten' Partner empfiehlt es sich allerdings meist, die Informationen des primären Systems durch reflexive Geheimhaltung vor den neuen Teilnehmern zu verbergen, weil die Situation sonst möglicherweise durch zusätzliche Enttäuschungsreaktionen belastet werden könnte.

Teilnehmer einfacher Systeme in die eigenen Geheimnisse einzuweihen, ist besonders dann äußerst riskant, wenn es sich bei ihnen um Fremde oder nur flüchtige Bekannte handelt[105]. Während die Tatsache wechselseitiger intensiver Bekanntschaft zumeist auch Anhaltspunkte dafür gibt, in welchem Ausmaß man dem anderen vertrauen kann und sich für die Wahrung des anzuvertrauenden Geheimnisses somit zumindest eine gewisse Wahrscheinlichkeit ergibt, besteht Fremden gegenüber keinerlei Erwartungssicherheit im Hinblick darauf, wie sie das Geheimnis und seinen Inhalt kommunikativ verwenden. Zwar wird man nicht umhin können, Fremden als Partnern in elementaren Situationen und einfachen Systemen überhaupt zu vertrauen, da anders eine Interaktion unter Unbekannten gar nicht möglich wäre. Der Partizipation am Geheimnis steht jedoch in der Regel die allzu hohe Kontingenz und Unsicherheit entgegen, die der Fremde verkörpert – es sei denn, dem Sender ist, wie aus der Art seiner Mitteilung zu ersehen, an der Geheimhaltung bestimmter Informationen gar nicht gelegen, und der verbalen Sekretierung kommt somit ausschließlich die Funktion zu, das Diffusionstempo seiner Mitteilung auf diese Weise zu erhöhen. Die Unterstellung von Konsens reicht allein nicht aus, um jemandem ein Geheimnis mitzuteilen und zugleich auf dessen weitere Wahrung zu vertrauen.[106] Läßt sich eine Einweihung bzw. Preisgabe eigener Geheimnisse nicht generell vermeiden, so bedarf es zumindest doch der expliziten Thematisierung der Erwartung der Geheimniswahrung seitens des Senders sowie einer entsprechenden Verschwiegenheitsbeteuerung von seiten des Empfängers. Im Vergleich zur Rekrutierung der Teilnehmer innerhalb einfacher Systeme, die etwa auch über wechselseitige Wahrnehmungsprozesse gesteuert werden kann und nur gelegentlich eine explizite Thematisierung des Zulassungsproblems erforderlich werden läßt[107], setzt die Teilhabe an einem Geheimnis eines einzelnen oder mehrerer Teilnehmer eine zusätzliche Selektion voraus. Das einer Einweihung zugrundeliegende Vertrauen bedarf – sowohl aus Gründen der Sicherheit wie auch als Beweis für die Ernsthaftigkeit, mit der die Geheimhaltung der mitzuteilenden Information weiterhin erwartet wird – auf seiten des Einzuweihenden des ausdrücklichen Erweises der Vertrauenswürdigkeit. Nicht selten kann die Einweihung in ein Geheimnis über die Versicherung des Vertrauens hinaus noch weitere Metakommunikationen bedingen, um den Einzuweihenden über die näheren Umstände der Geheimhaltung zu informieren und so die Geheimniswahrung zusätzlich abzusichern. Abgesehen von einer nur partiellen Einweihung in den Geheimnisinhalt kann die Wahrung des Geheimnisses unter Umständen auch dadurch abgesichert werden, daß unabhängig von dem Inhalt des Geheimnisses der Sinn der Geheimhaltung mitgeteilt oder selbst wieder geheimgehalten wird.

4. Systemstruktur und Geheimnis

Nicht in allen einfachen Systemen ist Geheimhaltung in ihrer nichtreflexiven Form gleichermaßen möglich. Die Schwierigkeiten, die für eine Geheimhaltung in solchen Kommunikationssystemen entstehen, die entweder auf Wahrnehmung oder auf sprachliche Kommunikationen spezialisiert sind, wurden oben bereits angedeutet. Darüber hinaus kann die Eignung einfacher Systeme für eine entsprechende Modalisierung auch durch die Ordnungsvorgaben beeinflußt werden, denen das System von seiten der Umwelt unterliegt. Diese Ordnungsvorgaben einfacher Systeme können sowohl von dem die Situation umgreifenden Systemtyp – beispielsweise einer Organisation, wie auch von seiten der Gesellschaft als einer für alles soziale Handeln grundlegenden Reduktionsinstanz[108] – ausgehen. Beispielsweise ist es in solchen Situationen technisch spezifizierten Kontaktes, wie etwa beim Kauf von Briefmarken am Postschalter, beim flüchtigen Gruß im Vorbeigehen[109] oder als Teilnehmer im Straßenverkehr kaum möglich, den Partner über die eigene Geheimhaltung zu informieren und zwar nicht allein aufgrund der relativ geringen Dauer solcher Begegnungen und Interaktionen, sondern vor allem auch aufgrund des technischen Sinnes, der diesen Situationen zugrundeliegt und das Erleben ‚von dem Mitvollzug sinnhafter Verweisungen' entlastet.[110] Zum anderen kann auch die Ordnungsvorgabe durch die Umwelt von jenen zusätzlichen Kommunikationen und Versicherungen der Vertrauenswürdigkeit des Partners entlasten, die erforderlich sind, bevor man einen Fremden in die eigenen Geheimnisse einweiht und sie ihm anvertraut. Je nachdem, ob eine Situation von ihrem Kontext her durch die Beteiligten als öffentlich oder privat – oder gar als intim – definiert wird[111], kann man die eigenen Geheimhaltungen rigide oder flexibler durchhalten.

Geheimhaltung als Ordnungsvorgabe der Umwelt kann auch die Bedingung der Möglichkeit schaffen, innerhalb eines einfachen Systems auf die eigene Geheimhaltung zu verzichten; die *institutionalisierte* Geheimhaltung der systeminternen Kommunikationen gegenüber der Umwelt schafft so erst die Möglichkeit, bestimmte Sachverhalte überhaupt zu thematisieren. Dadurch, daß das Risiko des Verrates und der unbefugten Weitergabe von Informationen unabhängig vom Einzelfall generalisierend eliminiert ist, bleibt auch das Handeln von sonstigen Darstellungsanforderungen, Sinnverweisen und unerwünschtem Dissens entlastet. Eine solche Entlastung von eigener Geheimhaltung gewährt vor allem das Amtsgeheimnis des Rechtsanwaltes, Priesters oder Arztes[112]. Das Amts- bzw. Berufsgeheimnis ermöglicht dem Klienten u. a., sich bei der Konstruktion darstellungsfähiger Meinungen, Darstellungen und Aussagen beraten zu lassen oder lädierte Selbstdarstellungen zu rekonstruieren, ohne daß eine momentane Unvollständigkeit der Argumentation bzw. deren Konstruktionscharakter und eine entsprechende Hilfsbedürftigkeit der Umwelt bekannt werden und in anderen Systemmitgliedschaften und Rollenbeziehungen gegen die Person des Klienten verwendet werden könnten.

Wenngleich auch das Amtsgeheimnis selbst nicht ohne die komplexeren Systemtypen der Organisation und Gesellschaft sowie des gesellschaftlichen Teilsystems des Rechts zu erklären ist und damit die Leistungsfähigkeit einfacher Systeme erheblich übersteigt, so weist die Interaktion zwischen einem Vertreter dieser Berufsgruppe und seinem Klienten doch auch deutliche Momente eines einfachen Systems auf; freilich kann für eine umfassende Erklärung dieser Situation nicht auf Strukturmerkmale sozialer Organisationen verzichtet werden.

Ebenso wie die institutionalisierte Geheimhaltung durch die Abgrenzung aktualisierter Informationen gegenüber der Umwelt bestimmte interne Kommunikationen erst ermöglicht, kann in einfachen Systemen im Einzelfall auch die wechselseitige Geheimhaltung der Teilnehmer als Strukturvorgabe fungieren. Im Vergleich zu solchen Spielen, wie etwa dem Roulette, der Lotterie und Würfelspielen, bei denen der Spielausgang bereits ohnehin eine hohe Kontingenz aufweist, die nicht durch das Handeln der Spielenden, sondern ausschließlich durch das zukünftige Ereignis reduziert werden kann und somit auch kaum eine Geheimhaltung unter den Teilnehmern erforderlich werden läßt, erhöht beispielsweise beim Schach oder beim Kartenspiel die Geheimhaltung der eigenen verfügbaren Möglichkeiten und Strategien die Kontingenz und Komplexität der Handlungsmöglichkeiten innerhalb des Systems und damit zugleich die Wahrscheinlichkeit, das Spiel zu gewinnen[113]. Durch das Spiel wird die Geheimhaltung jedoch keineswegs generell legitimiert; vielmehr bewegen sich die gemeinsamen Interaktionen und Kommunikationen für den Zeitraum des Spiels auf einer doppelten Ebene. Während innerhalb des für das Spiel vorgezeichneten Sinnkontextes herkömmliche und wechselseitige Vertrauenserwartungen gleichsam suspendiert sind, bleibt deren Gültigkeit beispielsweise innerhalb des das Spiel umgreifenden bzw. überlagernden Systemkontextes des Gesprächs unangefochten[114]. Eine wechselseitige Geheimhaltung der Anwesenden würde hier ebenso mit den Erwartungen der Partner kollidieren, Enttäuschungen schaffen und möglicherweise entsprechende Reaktionen hervorrufen, wie dies vor dem Spiel und nach dessen Beendigung der Fall wäre.

Durch seinen speziellen Sinnkontext, durch die Befristung seiner zeitlichen Dauer und die besonderen Erwartungsgeneralisierungen und Regeln trägt das Spiel im Vergleich zu sonstigen Interaktionen und Kommunikationen in einfachen Systemen in besonderem Maße zu einer Systemidentifikation der Teilnehmer bei. Vielleicht wird gerade im Spiel der grundlegende Informationsmangel, dem die Handelnden in sozialen Systemen unterliegen und den es zu überwinden bzw. zu bewältigen gilt, besonders deutlich. Andererseits sprengt das Spiel jedoch den Rahmen einfacher Systeme insofern, als über die bloße Anwesenheit der Teilnehmer hinaus die Motivation der Handelnden durch eine besondere Mitgliedschaft ersetzt wird und somit deutliche Momente des komplexen Systemtyps der Organisation impliziert.

IV. Geheimhaltung in komplexen Sozialsystemen: Am Beispiel von Organisationen

1. Einige Merkmale sozialer Organisationen

Organisationen müssen wie alle komplexen Sozialsysteme das Problem ihrer Identität unabhängig von einer kontinuierlichen Anwesenheit ihrer Teilnehmer und damit auch unter Verzicht auf eine reziproke Wahrnehmung als Strukturmerkmal lösen. Die Kontinuität des Systems muß – im Vergleich zu einfachen Systemen – angesichts der Diskontinuität der Teilnehmer geleistet werden. Damit ist auch der Geltungsbereich des Systems nicht mehr mit den Grenzen des gemeinsamen Wahrnehmungsraumes der Handelnden bzw. Anwesenden identisch. Für Systeme, die längerfristig bestehen und damit von der zufälligen Konstellation momentaner Anwesenheit unabhängig werden müssen, ist eine höhere Identifikation als System erforderlich, was wiederum zahlreiche Abstraktionsleistungen bedingt. Durch den Verzicht auf die reziproke Wahrnehmung der Anwesenden als dominierendem Strukturmerkmal vergrößert sich die Zahl der systemintern aktualisierbaren und zu bewältigenden Möglichkeiten erheblich; zugleich wird damit auch die Umwelt des Systems komplexer. Eine bloße Differenzierung in eine anwesende und nichtanwesende Umwelt reicht zu ihrer Bewältigung nicht mehr aus. Zur Lösung des Problems der Überforderung durch Umweltkomplexität müssen systeminterne Strukturierungen selektiver Prozesse vorgenommen werden, die eine höhere Eigenkomplexität ermöglichen als sie die Reziprozität und Reflexivität der Wahrnehmungsprozesse zulassen. Durch ihre Eigenkomplexität werden soziale Systeme weitgehend unabhängig von der Komplexität personaler Systeme – obgleich sie nicht immer generell darauf werden verzichten können. Die verstärkte Eigenkomplexität sozialer Systeme erlaubt eine stärkere Selektion und interne Realisation von Umweltmöglichkeiten sowie deren Transformation entsprechend den eigenen Kapazitäten und Problemlösungstechniken. Die Transformation der Weltprobleme in systeminterne Ersatzprobleme vollzieht sich vorwiegend in drei Dimensionen: In der zeitlichen Dimension wird das Problem des Bestandes zum Ersatzproblem, die Komplexität der Sachdimension wird intern durch das Problem der Knappheit ersetzt, und in der Sozialdimension tritt an ihre Stelle das Problem des Konsenses.[115]

Die Selektivitätsverstärkung des Sinnes in komplexeren Systemen geschieht nicht primär über Wahrnehmungsprozesse oder deren thematische Konzentration, noch über Einzelhandlungen – letztere würden keine Systemabgrenzung ermöglichen, da sie mehreren Systemen zurechenbar sein können – sondern auf der Ebene von Verhaltenserwartungen und zwar durch deren Generalisierung. „Durch Generalisierung der Verhaltenserwartungen wird die konkrete Abstimmung des Sozialverhaltens mehrerer erleichtert, indem schon vorher typisch festliegt, was etwa erwartet werden kann und welches Verhalten die Grenzen des Systems sprengen würde."[116] In der zeitlichen Dimension geschieht die Generalisierung dadurch, daß die Erwartungen unabhängig vom konkreten Einzelfall und dessen Imponderabilien *normative* Geltung erlangen. Durch sachliche Erwartungsgeneralisierung wird Sinn auf der Ebene von *Rollen, Personen, Programmen* oder *Werten* identifiziert. In der sozialen Dimension schließlich bedeutet die Erwartungsgeneralisierung die situationsunabhängige *Institutionalisierung* von Konsens insofern, als für die institutionalisierten Erwartungen unabhängig von individuellen Motiven und Meinungen der Konsens der Handlungspartner fraglos vorausgesetzt werden kann. Durch diese Generalisierungen wird nicht nur eine intern sinnhafte Verknüpfung von Ereignissen ermöglicht; der Geltungsbereich der Generalisierungen bewirkt zugleich die Systemabgrenzung gegenüber der Umwelt. Durch Grenzziehung gegenüber seiner Umwelt läßt ein System einerseits die Welt in ihrer Komplexität und Kontingenz der Möglichkeiten bestehen und schafft andererseits einen Innenbereich für das Verhalten, das nur noch zwischen wenigen und bewußt kontrollierbaren Möglichkeiten zu wählen hat.[117] Indem der Prozeß der Innen/Außen-Differenzierung im System als interne Differenzierung wiederholt wird, kann die verfügbare Eigenkomplexität eines Systems erheblich gesteigert werden. Die einfachste Form der Umweltdifferenzierung erlaubt eine Unterscheidung der personalen Systeme in Teilnehmer und Nichtteilnehmer; darüber hinaus ist die Umwelt weiter differenzierbar. Diese Differenzierungen der Umwelt sowie die zusätzliche Möglichkeit – bei interner Differenzierung – interne und externe Umwelten zu unterscheiden, erlauben eine differenziertere Behandlung der Systemumwelt. Da die Umwelt insgesamt wie auch das Verhältnis der verschiedenen Umwelten zueinander nicht kontrollierbar sind – das würde die Eigenkomplexität eines Systems stets übersteigen – erlauben Einflußnahme und Elastizität unterscheidbare Reaktionsmöglichkeiten. Ebenso wie das interne Verhalten eine Orientierung und Selektivitätsverstärkung durch die Generalisierung von Erwartungen erfährt, kann auch die Einflußnahme auf die Umwelt aufgrund von Erwartungsgeneralisierungen in den verschiedenen Erlebensdimensionen erfolgen.[118]

„Organisation ist, funktional gesehen, eine besondere Form der Reduktion sozialer Komplexität. Ihr Besonderes besteht darin, daß die Anerkennung und Befolgung bestimmter Verhaltenserwartungen zur Bedingung der Mitgliedschaft in einem Sozialsystem gemacht wird derart, daß nur eintreten kann, wer diese Mitgliedschaftsbedingungen akzeptiert, und austreten muß, wer gegen sie rebelliert."[119] Durch die Bindung bestimmter Verhaltenserwartungen an die Mitgliedschaft werden diese Erwartungen formalisiert. Die Formalisierung innerhalb der Organisation kann sich auf unterschiedliche Bereiche erstrecken. Durch die Formalisierung von Systemzwecken entlastet sich das System seinen Mitgliedern gegenüber von dem Problem permanenter Darstellung. Dabei ist es notwendig, daß der Zweck der Gesamtorganisation nicht zu eng definiert wird, so daß er für unterschiedliche Subsysteme und Rollenspezifizierungen noch die vermeintliche Rationalitätsgrundlage abzugeben vermag. Ein im weitesten Sinne formalisierter Systemzweck entledigt die Organisation zugleich davon, mit jedem systeminternen Wandel neue Zwecke erarbeiten zu müssen; auch kann die Funktion eines solchen Zweckes darin bestehen, interne Widersprüche zwischen Subsystemen, Normen, Rollen und Programmen zu überdecken und im Gesamtsystem zu integrieren.[120]

Neben den formalen Zwecken einer Organisation kommt auch der Formalisierung von Kommunikationen[121] eine Bedeutung für die Systemumweltbeziehungen zu. Sowohl das Verhalten der Systemabsender als auch das der Empfänger bzw. Klienten oder Kunden ist insofern formalisiert, als ohne Einhaltung bestimmter vorprogrammierter Kommunikationsformen die Kommunikation oftmals gar nicht zustande käme. Darüber hinaus lassen sich systeminterne Formalisierungen des Informationsflusses aufweisen, die beispielsweise zur Vorbereitung und auch zur Durchführung von Entscheidungen, zur Verarbeitung unvorhergesehener Ereignisse oder zur Koordination von Subsystemen eingehalten werden müssen. Funktionales Äquivalent für die als Dienstweg formalisierten Kommunikationen sind die Formalisierungen vom Typ der konditionalen Programmierung.

Während die klassische Organisationssoziologie unter den formalen Kommunikationen ausschließlich die vertikalen Kommunikationen versteht, also Formalität mit Herrschaft gleichsetzt, erlaubt ein auf die Bedingungen der Mitgliedschaft bezogener Begriff der Formalität die Unterscheidung zwischen formalen Kommunikationen auf horizontaler und vertikaler Ebene und schafft damit gerade den Zugang zu der besonderen Funktion der hierarchischen Zentralisierung für den Kommunikationsfluß. Die spezifische Funktion der in der Hierarchie getroffenen Entscheidungen zeigt sich so in deren Reduktionspotential, das diese für spezifische, durch formalen Einfluß[122] zu lösende Probleme, Situationen und Ereignisse durch die generalisierte und formalisierte Anerkennung des Einflusses beinhalten. Zahlreiche andere Probleme, Situationen und Ereignisse würden in ihrer Komplexität das Reduktionspotential vertikaler Entscheidungen übersteigen. Sie müssen daher – sei es für die Vorbereitung der Entscheidung oder auch für die Entscheidung selbst – durch formale horizontale Kommunikationen verarbeitet werden. Neben der Unterscheidung von horizontaler und vertikaler Kommunikationsformalisierung liegt der Vorteil einer Trennung von Formalität und Herrschaft ferner darin, daß neben dem formalen Einfluß auch die Funktionen und Erscheinungsweisen lediglich generalisierten, d. h. nicht an die Mitgliedschaft als Bedingung geknüpften Einflusses, aufgezeigt werden können – wie überhaupt das hier verwendete Formalisierungskonzept sein Pendant nicht ausschließlich und vorwiegend in dem Bereich der Beliebigkeit, des Inoffiziellen und zu Verbergenden findet, den ihm die Analyse informeller Gruppen in der organisationssoziologischen Tradition zugewiesen hat.

Die Formalisierung von Verhaltenserwartungen kann sich außer auf Kommunikation und Einfluß auch auf Sanktionen und Konflikte erstrecken. Darüber hinaus lassen sich Formalisierungen von Situationen, Rollen, Programmen und selbst der Sprache aufzeigen. Allen diesen Formalisierungen ist jedoch gemein, daß sie nur eine partielle Struktur des Gesamtsystems der sozialen Organisation ausmachen und ihre Ergänzung in zahlreichen, informalen Erwartungen und Verhaltensformen finden. Die Wirkung der Formalisierungen besteht weniger in einer ständigen direkten Steuerung des Alltagshandelns innerhalb sozialer Systeme; vielmehr begleiten sie das informale Verhalten als Möglichkeiten offizieller Situationsdefinitionen, auf die vorwiegend in Grenzfällen zurückgegriffen werden kann. Als ständige Präsenz möglichen legitimen Verhaltens wirkt die formale Organisation so auch über die formalisierten Erwartungen hinaus auf das tatsächliche Verhalten der Organisationsmitglieder ein.

2. Kommunikation in sozialen Organisationen

In einfachen Sozialsystemen findet elementare soziale Kommunikation bereits über wechselseitige, reflexive Wahrnehmungsprozesse unter Anwesenden statt. Durch Sprache erfährt Kommunikation eine Selektivitätsverstärkung, die durch thematische Konzentration noch erhöht werden kann. Zumindest solange wie nicht weitere Abstraktionsleistungen erbracht werden, bleiben das Thema und die damit verbundene sukzessive Ordnung der Beiträge nahezu die einzige und zugleich vage Struktur dieses Systemtyps. Sowohl der jeweilige Inhalt als auch der Sinn solcher elementarer Kommunikationen sind in hohem Maße abhängig von Persönlichkeitsvariablen der Anwesenden beziehungsweise der Beteiligten, von ihren Erwartungen, Motivationen und Bedürfnissen. Wenngleich der jeweilige Sinngehalt sowie die Art und der Umfang möglicher Themen auch durch die jeweilige Situation bereits eine gewisse Vorselektion erfahren – die flüchtige Begegnung in einer Toilette, eine längere gemeinsame Bahnfahrt oder eine Cocktailparty bieten halt unterschiedliche kommunikative Chancen –, so sind sie in einfachen Sozialsystemen doch zugleich in hohem Maße unbeschränkt und kontingent. Elementare Kommunikationen implizieren zugleich instrumentelle und expressive Variablen,und ihre Funktionen weisen eine entsprechende Vielfalt auf.

Demgegenüber sind soziale Organisationen dadurch gekennzeichnet, daß in ihnen durch Formalisierung der Kommunikation eine Reduktion kommunikativer Inhalte und Funktionen stattfindet[123]. Durch Formalisierung werden Kommunikationen authentisch, d. h. funktional auf die Übermittlung und Verarbeitung von Informationen spezialisiert und konzentriert. Sie sind instrumentell und insofern – in ihrer Idealform – ausschließlich sachbezogen und durch persönliche Merkmale weder des Senders noch des Empfängers bzw. des Übermittlers in ihrer Form oder ihrem Aussageinhalt beeinflußt. Die Tatsache, daß sie verantwortet werden müssen, schließt es aus, daß ein Informationsaustausch in seinem Kommunikationscharakter geleugnet werden könnte. Ferner sind sie hinsichtlich ihrer Relevanz, ihrer Formen und des Übermittler- bzw. Teilnehmerkreises durch anderweitige Systemstrukturen und thematische Vorselektionen weitgehend beschränkt. Insoweit es sich um formale Kommunikationen handelt, bedarf es für die Beteiligung an Kommunikationsprozessen keiner eigenen Motivation, wechselseitige Bekanntschaften sind nicht Voraussetzung für den Kommunikationsablauf, noch trägt dieser seinerseits zur Entstehung oder Intensivierung von Bekanntschaften bei. Die Authentizität von Kommunikationen wird durch die Dominanz des Schriftverkehrs noch verstärkt; entsprechend gering und weitgehend irrelevant ist der Anteil analogen Kommunikationsmaterials formaler Kommunikationen in Organisationen.

Ihre Funktionsfähigkeit und ihren Bestand erlangen und erhalten soziale Organisationen durch die Ordnung ihrer internen Kommunikationen. Teil einer solchen internen Ordnung ist die Entwicklung von Kommunikationsnetzen, durch die der Austausch und die Weitergabe von Informationen sowie die Kompetenz zu ihrer Verarbeitung vorbestimmt werden. Diese Netze können gelegentlich den Charakter eigener Systeme annehmen. Die Funktion interner Ordnungs- und Strukturvorgaben für die internen Kommunikationen besteht in einer Reduktion der mit den jeweiligen Kommunikationen verbundenen Kommunikationsmöglichkeiten. Die Beliebigkeit in der Wahl der Kommunikationspartner und -themen, die die menschliche Kommunikation bzw. Interaktion generell impliziert, wird spürbar eingeschränkt, wobei die strukturierende Einschränkung durch den Ausschluß von Möglichkeiten zugleich den Zugang zu neuen Möglichkeiten erlaubt und insofern eine Komplexitätssteigerung der Kommunikationen bedeutet. Wichtiger als die Selektion möglicher Partner und Themen ist noch die interne Kompetenzverteilung für den Erlaß bindender Entscheidungen sowie die Regelung zur Durchführung derartiger Kompetenzen.

Während die ältere Organisationssoziologie aufgrund ihrer Bestimmung von Formalität durch Herrschaft die formale Kommunikation mit hierarchischer Kommunikation gleichsetzte und horizontale Kommunikationen ausschließlich als informale Kommunikationen verstand, wird in der Organisationssoziologie heute zwischen formalisierter Kommunikation auf der vertikalen und horizontalen Ebene unterschieden. Beide Formalisierungen haben je spezifische Funktionen.[124] Die vertikal vor allem in der Form des Dienstweges zentralisierte formale Kommunikation erlaubt eine rasche und sichere Koordination divergierender Informationen und ist vor allem bei relativ überschaubaren und begrenzten Problemstellungen und Routineangelegenheiten geeignet. Andererseits ist vor allem aufgrund der zunehmenden fachlichen Spezialisierung nicht zu übersehen, daß Entscheidungen in verstärktem Maße zunächst auf der horizontalen Ebene getroffen werden müssen, bevor sie auf dem Dienstweg weitergeleitet werden können, was bereits weitgehend zu einer Formalisierung horizontaler Kommunikationen als Vorbedingung für den vertikalen Kommunikationsweg geführt hat.

Auch sonstige interne Ordnungen können sich in spezifischem kommunikativem Verhalten in Organisationen niederschlagen. So kommen beispielsweise die Innen/Außen-Differenzierung des Systems von seiner externen Umwelt, aber auch die Wiederholung dieses Prozesses im Innern durch die funktionale Ausdifferenzierung von Subsystemen und deren Abgrenzung gegenüber einer internen Umwelt, durch eine Differenzierung der verwendeten Sprachen, Kommunikationen und Kommunikationsstile zum Ausdruck. „Was intern abgekürzt oder offen gesagt werden kann, darf noch lange nicht ungemildert nach außen dringen, wo andere Verständnisvoraussetzungen herrschen."[125] Innerhalb der Organisation sowie in ihren Subsystemen entwickeln sich eigene Regeln sowohl darüber, wie die eigenen, intern verfügbaren Informationen gegenüber unterschiedlichen Umwelten zu behandeln sind, als auch für die Behandlung und Verarbeitung von Informationen, die ein System von der Umwelt her erreichen. Diese Regeln für die Behandlung interner wie externer Informationen bedingen bei zunehmender systeminterner Differenzierung häufig eine zunehmende interne Ungleichheit der Informationsverteilung und -verfügbarkeit.

Neben einer Regelung und Spezifizierung interner Kommunikationen verfügen soziale Systeme auch über spezialisierte Außenkommunikationen in der Form des Einflusses. Einfluß ist eine Kommunikation, deren spezielle Funktion darin besteht, die Anpassung der Umwelt an das System zu leisten. Einfluß ist jene Kommunikationsform, die Sinn durch Entscheidung überträgt, die die Handlungsmöglichkeiten von Umweltsystemen reduziert und in dieser Reduktionsleistung zugleich Anerkennung findet. Eine Komplexitätssteigerung dieses speziellen Kommunikationstyps ist gleichfalls möglich durch Generalisierung und Formalisierung der jeweils zugrundeliegenden Verhaltenserwartungen.

Ebenso wie nur ein Teil der für eine Organisation erforderlichen und in ihr vorhandenen faktischen Erwartungen formalisiert ist, kann sich ein solches Handlungssystem auch nicht auf formale Kommunikationen beschränken. Eine Formalisierung von Kommunikationen hat eher die Funktion der Systemstrukturierung, als daß sie das faktische Kommunikationsverhalten im System determinieren würde. Insofern als das faktische Verhalten und Erleben durch Formalisierung allgemein und speziell durch eine Formalisierung von Kommunikationen nicht direkt und ausschließlich bestimmt wird, erfüllt die formale Kommunikationsstruktur nur einen Teil der im System erforderlichen Funktionen des faktischen Kommunikationsverhaltens. Jede formale Organisation ist notwendig auf nichtformale Kommunikationen und Kommunikationswege angewiesen.

Zwar werden solche informalen Kommunikationen – ähnlich wie Kommunikationen innerhalb einfacher Sozialsysteme – auch durch die jeweiligen persönlichen Fähigkeiten, Motivationen und Interessen der Kommunikationspartner bestimmt sein, darüber hinaus ist es jedoch ein Kennzeichen formaler Strukturen, daß sie spezifische nichtformalisierte Erlebens- und Verhaltensweisen geradezu induzieren und bedingen, die sich so in elementaren Alltagssituationen nicht nachweisen lassen und dort auch eher dysfunktional wären. Das sind beispielsweise „bestimmte Formen der Kollegialität, der Einstellung zu Fehlern, der Behandlung von Dissens und Enttäuschung, des Umgangs mit Symbolen oder Handlungen, welche Statusunterschiede, Grenzen legalen Verhaltens oder Kommunikationsschranken anzeigen. Viele taktische Operationen, Formen der Abweisung und der Feindseligkeit oder des persönlichen Desengagements, viele Arten von Tauschgeschäften sind nur im Rahmen einer formalisierten Ordnung möglich, ohne daß sie direkt an ihr orientiert würden."[126]

Im Gegensatz zu formalen Kommunikationswegen sind informale Kommunikationswege „relativ unzuverlässig, nicht streng geschlossen, thematisch nicht spezifiziert; sie bevorzugen mündliche, nicht authentische Mitteilungen; sie bedürfen zusätzlicher Motivation, sind dadurch persönlichen Interessen und Gefühlen ausgeliefert, dafür aber auch unverbindlich, erfindungsreich und Träger für zahlreiche Nachrichten, denen das formale Netz verschlossen bleibt".[127]

Unter Einbeziehung des diesen Überlegungen zum Geheimnis und zur Geheimhaltung zugrundeliegenden kommunikationstheoretischen Ansatzes[128] kommt der Formalisierung von Kommunikationen die Funktion einer Modalisierung zu. Im Vergleich zum Modus informaler Kommunikation bedeutet die formale Kommunikation in Organisationen zugleich eine deutliche Vorselektion für die Verwendung weiterer Kommunikationsmodi. Verantwortung, personale Zurechenbarkeit und Authentizität formaler Kommunikationen schließen beispielsweise Witz, Ironie oder Anspielungen als Modi der formalen Kommunikation weitgehend aus, während andere Modi, wie etwa Befehle, Anfragen, aber auch Geheimnisse, durchaus zulässig sind. In sozialen Organisationen liegt damit den intern wie extern verwendeten formalen Kommunikationen auch eine Reduktion der *verwendbaren* Kommunikationsmodi bzw. -modalisierungen zugrunde, die mit einer Komplexitätssteigerung der *verwendeten* Modi korrespondiert.

3. Systemfunktionen der Geheimhaltung

Bevor in den beiden folgenden Abschnitten näher auf die speziellen Formen formaler und informaler Geheimhaltung in Organisationen eingegangen wird, sollen hier zunächst allgemein die Funktionen umrissen werden, die dem Geheimnis und der Geheimhaltung für solche komplexeren sozialen Systeme zukommen, die sich von den im vorangegangenen Kapitel dargestellten einfachen Sozialsystemen neben den bereits genannten Strukturmerkmalen vor allem durch ihre Handlungsfähigkeit und die damit verbundene Identifizierbarkeit als System unterscheiden.

Innerhalb derartiger sozialer Systeme sowie in Intersystemkommunikationen hat das Geheimnis als ein möglicher Kommunikationsmodus ganz allgemein zunächst einmal eine doppelte Funktion: Es bedeutet zum einen eine selektive Qualifizierung der im System verfügbaren Informationen in Hinblick auf ihre Mitteilbarkeit beziehungsweise ihre Retention gegenüber der Systemumwelt; zum anderen informiert das Geheimnis – in seiner einfachen, nichtreflexiven Form – die Systemumwelt darüber, daß etwaigen externen Mitteilungserwartungen von seiten des geheimhaltenden Systems nicht entsprochen wird. Bei solchen geheimhaltenden Systemen kann es sich sowohl um in sich relativ abgeschlossene, autonome Systeme als auch um Subsysteme eines umgreifenderen sozialen Systems handeln.

Über diese allgemeinen Funktionen hinaus kann der Mitteilungsnegation extern erwarteter Informationen als Strategie sozialer Systeme eine Vielzahl von Funktionen zukommen. Sie lassen sich beispielsweise hinsichtlich der Dimensionen unterscheiden, in denen sich auch die Transformation der Weltprobleme in systeminterne Ersatzprobleme vollzieht: der (1) zeitlichen, (2) sachlichen und (3) sozialen Dimension.

(1) In der zeitlichen Dimension ermöglicht die Geheimhaltung, den systeminternen Zeithaushalt – d. h. den Vorgriff auf Zukunft in der Form von Planung, das interne Tempo bei der Verarbeitung von Informationen und Produkten sowie den Umgang mit der eigenen Vergangenheit als Geschichte – der Umwelt vorzuenthalten und somit der Umwelt einen anderen Zeithorizont darzustellen als er den systeminternen Handlungen und dem Erleben zugrundeliegt. Durch die Geheimhaltung seiner Planung beispielsweise verbirgt ein soziales System den zeitlichen Vorsprung, den es gegenüber Umweltsystemen dadurch gewinnt, daß es in der aktuellen Gegenwart intern bereits künftige Ereignisse vorstrukturiert, in hohem Maße ihre Kontingenz verringert und sie bis zu dem Moment, wo sie auch für die Umwelt Ereignis werden, als Bestände behandelt.[129] Je nachdem, ob für einen geplanten Systemoutput in der Umwelt mit Konkurrenz gerechnet werden muß oder nicht, kann sich die Geheimniswahrung in der zeitlichen Dimension auf den Zeitpunkt einer intendierten Veröffentlichung oder generell auf die Tatsache der Planung beziehen. Im Hinblick auf eine damit intendierte Überraschung der Umwelt können beide Maßnahmen funktional äquivalent sein; denn das Ausmaß der Überraschung ist bedingt durch die Erwartungen der Umwelt sowie der diesen zugrundeliegenden Informationslage. Die Überraschung ist am größten, wenn weder die Planung noch der Zeitpunkt ihrer Veröffentlichung als mögliches Ereignis erwartet werden. Die Planung derartiger, in der Umwelt

in keiner Weise antizipierbarer Überraschungen gewährt dem System den größten Spielraum, weil dadurch sowohl über die Ordnung der internen Handlungsfolgen als auch über den Zeitpunkt der Veröffentlichung autonom verfügt werden kann – vorausgesetzt allerdings, daß in der objektiven Zukunft bzw. in der Zukunft relevanter Systeme nicht bereits Ereignisse ihren Schatten vorauswerfen und somit zur Eile mahnen und im System von außen her Zeitdruck entstehen lassen. Mit der Intensität der Überraschungen, die eine unerwartete und bislang geheimgehaltene Maßnahme zum Zeitpunkt ihres Bekanntwerdens entstehen läßt, kann sich auch der Zeitgewinn vergrößern, der einem System daraus erwächst, daß für andere Systeme die Umwelt plötzlich komplexer geworden ist und diese somit zur adäquaten Wahrnehmung sowie zur Reaktion zusätzlich Zeit benötigen. In ganz speziellen Fällen – so beispielsweise bei bestimmten finanzpolitischen Maßnahmen des Wirtschaftssystems – ist die Geheimhaltung des Zeit*punktes* unabdingbar, weil ein solches Ereignis nur dann wirksam wird, wenn die Umwelt mit ihm als Tatsache konfrontiert wird und ihr als einzige Reaktionsmöglichkeit die Adaptation an die veränderte Wirklichkeit gleichsam aufgezwungen wird.[130] Ähnliche Funktionen kann die Geheimhaltung des Zeitpunktes eines unabwendbaren Ereignisses haben: Wenn die bis zum Eintritt eines Ereignisses noch zur Verfügung stehende Zeit zu gering ist, als daß in ihr die erforderliche Information von der Umwelt noch adäquat verarbeitet werden könnte und auch die Ankündigung des Zeitpunktes, zu dem das Ereignis eintreffen wird, Verwirrung stiften würde, scheint die Geheimhaltung des Wissens um das künftige Ereignis bis zur Konfrontation der Umwelt mit dem tatsächlichen Geschehen sich als einziger Ausweg anzubieten[131]. Schließlich kann es die Antizipation der in der Umwelt durch die plötzliche Veröffentlichung einer Planung als Innovation entstehenden Folgen für ein System auch ratsam erscheinen lassen, eine Veröffentlichung sukzessiv in kleineren Informationseinheiten vorzunehmen, um dadurch die Überraschung zu verringern und den Dissens der Umwelt nicht unnötig herauszufordern. Jedoch muß dieser Zeitplan der Veröffentlichung selbst wieder geheimgehalten werden.

Manchmal kann es sich auch als ein Gebot der Klugheit erweisen – sei es, daß dadurch eine Opposition vermieden wird, die bereits aus der Tatsache resultiert, in die Planung nicht einbezogen zu sein, sei es, daß ein für die spätere Akzeptierung des Outputs erforderliches Interesse erst geweckt werden soll –, einzelne Informationen bereits während des Planungsprozesses in die Umwelt durchsickern zu lassen, ohne jedoch das Geheimnis preiszugeben oder die Geheimhaltung dadurch wirkungslos werden zu lassen.[132]

Geheimnisse lassen sich schließlich auch nach ihrer zeitlichen Dauer unterscheiden. Sie können zeitlich befristet sein, und ihre Wahrung kann sich, etwa beim Eintritt bestimmter Ereignisse, oder wenn ein Vorgang seine Brisanz und Relevanz verloren hat, erübrigen. Und selbst jene Informationen, die der Umwelt unabdingbar und auf Dauer vorenthalten werden sollen, machen eine explizite Geheimhaltung nur so lange erforderlich, bis vom System mit Sicherheit erwartet werden kann, daß der Kontext, in dem die geheimzuhaltenden Informationen stehen, und dessen Möglichkeiten auf sie verweisen könnten, im Erleben von Umweltsystemen nicht mehr aktualisiert wird und vergessen ist. Ein System ist auf die Geheimhaltung von Informationen so lange angewiesen, bis die Zeit die Möglichkeit ihrer Aktualisierung definitiv eliminiert.[133]

(2) In der Sachdimension, in der systemintern das Problem der Knappheit an die Stelle des Problems der Weltkomplexität tritt, besteht die Funktion des Geheimnisses darin, die systemintern realisierten sowie die in dem jeweiligen Sinnhorizont mit angezeigten Möglichkeiten hinsichtlich ihrer Möglichkeit als Inhalt systemübergreifender Kommunikationen zu reduzieren bzw. zu negieren. Ein Geheimnis reduziert die Möglichkeit, Systeminterna in Kommunikationen mit der Umwelt unbeschränkt zum Kommunikationsinhalt zu wählen. Insofern bedeutet das Geheimnis eine Selektion und partielle Steuerung des Informationsoutputs sozialer Systeme; es stellt eine künstliche Verknappung der Informationen dar, die innerhalb von Umweltkommunikationen verfügbar sind.

Durch die effektive Sekretierung von Systeminterna bleiben diese der sinnhaften Aktualisierbarkeit auf seiten der Umwelt weitgehend entzogen und können entsprechend auch nicht in Handlungs- und Kausalketten von Umweltsystemen einbezogen werden. Dadurch können auf seiten des geheimhaltenden Systems eigene Problemlösungen erleichtert werden, weil manche Folgeprobleme sich erst aufgrund von Interventionen der Umwelt manifestieren; extern hingegen kann die Verknappung der verfügbaren Informationen Problemlösungen anderer Systeme verzögern, erschweren oder gar verhindern.

Durch die Rention zentraler Informationen vor der Umwelt kann das Geheimnis dazu beitragen, daß ein System von Nichtmitgliedern anders erlebt und gesehen wird als von seinen Mitgliedern. Indem etwa der Sinn systemspezifischer Vorgänge und Handlungen vor der Umwelt verheimlicht wird, wird der Sinn des von den Nichteingeweihten Erlebten kontingent – vorausgesetzt allerdings, daß sich von einer Handlung bzw. einem Ereignis nicht mit an Sicherheit grenzender Wahrscheinlichkeit auf spezifischen Sinn schließen läßt. Für den Fall, daß der Sinn einer Handlung in einer konkreten Situation oder einem Kontext über keinerlei Kontingenz verfügt, die Handlung aber dennoch dem sinnhaften Zugriff seitens der Umwelt entzogen bleiben soll, verbleibt allein die Möglichkeit, das Handeln bzw. das Ereignis selbst zu verheimlichen.

Eine derartige Verknappung von Informationen braucht sich nicht auf das aktuelle Handeln oder auf die Planung eines Systems zu beschränken. Durch die Sekretierung von Informationen aus der Vergangenheit kann ein System zu vermeiden suchen, daß sich sein Prestige und Fremdbild in der Umwelt sowie die Bereitschaft zur Akzeptierung seines Einflusses oder zur Abnahme seines Outputs verändern.

Die Verknappung des Informationsoutputs in der Form der Geheimhaltung kann sich nicht zuletzt auch auf systeminterne Verknappungen und Knappheiten erstrecken. Entweder können interne Knappheiten, etwa an Konsens, Macht oder auch Liebe[134] vor der Umwelt direkt verheimlicht werden, indem sie dem Zugriff von außen entzogen bleiben, oder aber sie können hinter solchen Knappheiten verborgen werden, die sich leichter darstellen lassen und für die bei den Kommunikationspartnern eher Verständnis erwartet werden kann. Solch eine Alibifunktion erfüllen vor allem die Knappheit der Zeit, aber auch die des Geldes; sie können davon entlasten[135], etwa ein faktisch vorhandenes Desinteresse überdeutlich zum Ausdruck bringen zu müssen und ersparen somit beiden Seiten unnötige Darstellungsinkonsistenzen.

Insofern, als der Informationsoutput vor allem in Organisationen vorwiegend auf Entscheidungen reduziert wird, Informationen über den Vorgang der Entscheidungsfindung jedoch meist geflissentlich der Umwelt vorenthalten werden, wird sozusagen soziale Kontingenz aus der Entscheidung eliminiert, die in der Form unterschiedlicher persönlicher Interessen und Ansichten der Mitglieder oder von Teilsystemen bei der Entscheidungsfindung sehr wohl von Bedeutung gewesen sein kann.[136] Wenn die Genesis einer Entscheidung für die von ihr Betroffenen unzugänglich bleibt, bietet die Entscheidung allein auf der Sachebene Anhaltspunkte und Angriffsflächen für sachlich begründete Meinungsdivergenzen. Zwar bleibt die Transformation der Problemlösung im Zusammenhang des Informationsoutputs eines Systems in der Regel weithin ebenso latent, wie die entsprechende Problemtransformation beim Informationsinput und bedarf deshalb nicht notwendig einer Geheimhaltung; eine Sekretierung der Entscheidungsfindung und -beratung scheint jedoch dann unumgänglich zu sein, wenn die Situation – etwa wegen eines ihr zugrundeliegenden Öffentlichkeitspostulates – keinen Freiraum für informales Verhalten, Darstellungsentlastungen sowie Problemlösungen vom Typ 'trial and error' zu gewähren vermag.[137]

(3) In der Sozialdimension kommt dem Geheimnis die Funktion zu, die sinnhafte Aktualisierbarkeit seines Inhaltes auf einen Kreis Eingeweihter zu beschränken, von denen Konsens erwartet werden kann. Sehr viel wichtiger als ein Konsens in bezug auf die näheren Implikationen des Geheimnisinhaltes ist dabei allerdings der Konsens hinsichtlich der Tatsache der Geheimhaltung bzw. der Geheimniswahrung. Unerwünschter Dissens und daraus möglicherweise resultierende Folgeprobleme werden durch die Geheimhaltung aus der Verfügbarkeit und weiteren Verarbeitung des Geheimnisinhaltes ausgegrenzt. Insofern, als diejenigen, die an einem Geheimnis teilhaben, weder quantitativ noch qualitativ mit den Mitgliedern des sozialen Systems identisch sein müssen, das sich seiner als Strategie bedient, kann die Geheimhaltung eine interne Differenzierung von Konsens ermöglichen und damit verhindern, daß systemintern zwar zulässige aber divergierende Interessen und Meinungen in bezug auf die geheimen Informationen adäquate Artikulationsmöglichkeiten finden, daß auf die Informationsverarbeitung der Eingeweihten von der systeminternen Umwelt her Einfluß genommen werden kann oder bereits anderweitig adaptive Strategien entwickelt werden, die die geheimen Planungen neutralisieren oder zumindest in ihrer Effektivität verringern könnten. Die Ausgrenzung unerwünschten Dissenses erlaubt es den Eingeweihten beispielsweise, Änderungen und Innovationen für das Gesamtsystem vorzubereiten, ohne sich bereits im Stadium der Planung mit solchen Problemen allzu intensiv auseinandersetzen zu müssen, die in der Regel dann entstehen, wenn Neuerungen Geltung erlangen.

Durch die Geheimhaltung wird systeminterner Dissens nicht eliminiert, sondern lediglich verlagert. Da der Geheimnisinhalt den Nichteingeweihten gegenüber kontingent ist und insofern keinen Ansatzpunkt für divergierende Interessen bzw. Dissens bietet, kann sich Dissens sinnvollerweise nur an der Tatsache entzünden, daß Systeminterna einem Teil der Mitglieder gegenüber absichtlich kontingent gehalten werden. Dissensfähig ist dann allein die Tatsache der Geheimhaltung; wobei diesem Dissens gerade in Organisationen durch die Formalisierung der Geheimhaltung legale Ausdrucksmöglichkeiten verwehrt werden können. Für den Fall, daß eine derartige Formalisierung der Geheimhaltung nicht möglich ist, kann einem allzu starken Dissens auf seiten der Nichteingeweihten möglicherweise auch durch die Reflexivität der Geheimhaltung aus dem Wege gegangen werden.

Neben einer derartigen Ausgrenzung unerwünschten Dissenses bietet die Geheimhaltung ferner die Möglichkeit, eigenen Dissens zu verheimlichen, um so unnötige Konfrontationen zu vermeiden. Im speziellen Fall des Wahlgeheimnisses bietet die Geheimhaltung der Stimmenabgabe überhaupt erst die Möglichkeit, eigene Meinungen hinsichtlich konfliktfähiger Themen zu äußern. Das Geheimnis schafft deshalb gerade erst die Voraussetzung zur Artikulation von Dissens, weil dieser so persönlich nicht zugerechnet und der Wähler somit für seine Stimmabgabe auch nicht zur Rechenschaft gezogen werden kann.[138]

Der Umfang und die Intensität der Geheimhaltung sozialer Systeme sind davon abhängig, wie bedrohlich die Umwelt erlebt wird, und in welchem Ausmaß dementsprechend bei Nichtgeheimhaltung nicht zu bewältigende bzw. unerwünschte Reaktionen zu erwarten sind. Autonome Systeme, die sowohl in der Lage sind, die Komplexität von Umweltsystemen durch eigenen Einfluß zu reduzieren und damit die Umwelt sich anzupassen vermögen, als auch selbst über ausreichende Elastizität verfügen, um sich gegenüber einem Druck von seiten der Umwelt behaupten zu können, ohne dadurch unmittelbar in ihrem Bestand bedroht zu sein, sind vor allem dann in geringem Maße auf ausgedehnte Geheimhaltungen angewiesen, wenn sie intern ohnehin eine deutliche Konformität ihrer Ordnungs- und Wertvorstellungen zu den gesamtgesellschaftlich vermittelten Orientierungen und Reduzierungen aufweisen.

In extremem Umfang sind solche Systeme gezwungen, auf Geheimhaltungen zurückzugreifen, deren Existenz oder Identität bzw. deren spezifischer Sinn vor allen Nichtmitgliedern oder speziellen Umweltsystemen verborgen bleiben soll, mag es sich dabei nun um einen illegalen politischen Untergrund[139], um geheime Gesellschaften[140], um Schmugglerringe, Clubs für verbotene Glücksspiele oder für Transvestiten handeln. In jedem dieser Fälle gehört ein hohes Maß an Verschwiegenheit und Geheimhaltung zu den Bedingungen der Mitgliedschaft. Da faktische Verschwiegenheit nur in den seltensten Fällen unterstellt werden kann, machen Geheimhaltungserwartungen derartigen Ausmaßes eine Reihe zusätzlicher Problemlösungen erforderlich – wie beispielsweise spezielle Rekrutierungsverfahren für neue Mitglieder.

4. Formale Geheimhaltung

Neben diesen allgemeinen Systemfunktionen des Geheimnisses lassen sich in Organisationen vor allem zwei unterschiedliche Formen der Geheimhaltung unterscheiden, je nachdem ob einer Geheimhaltung formalisierte oder nichtformalisierte Verhaltenserwartungen zugrundeliegen. In diesem Abschnitt sollen zunächst die Erscheinungsweisen und Funktionen formaler Geheimhaltung dargestellt werden; auf die besondere Bedeutung der Geheimhaltung im Bereich informaler Erlebens- und Verhaltensweisen im Rahmen sozialer Organisationen wird im folgenden Abschnitt näher eingegangen.

Unter formaler Geheimhaltung soll hier eine solche Geheimhaltung verstanden werden, deren Einhaltung innerhalb einer sozialen Organisation insofern generalisiert erwartet werden kann, als sie durch die Mitgliedschaftsregeln des sozialen Systems gedeckt ist und Konsens darüber besteht, daß im Falle des Geheimnisverrates, d. h. der Nichtanerkennung oder der Nichterfüllung von Geheimhaltungserwartungen, die weitere Mitgliedschaft im System riskiert bzw. gekündigt wird. Aufgrund der Formalisierung von Geheimhaltungserwartungen kann sowohl darauf verzichtet werden, Teilhaber an einem Geheimnis von der Notwendigkeit der Geheimhaltung zu überzeugen und sie für die Geheimniswahrung zu motivieren als auch sie auf ihre Vertrauenswürdigkeit erst testen zu müssen. Formale Geheimhaltungen bieten ferner den Vorteil, daß sie gegenüber den Mitgliedern kein zusätzliches Legitimationsproblem entstehen lassen, weil sie über die von den Mitgliedern bereits generell akzeptierten Systemzwecke legitimierbar sind. Wer formal über Geheimhaltungen zu entscheiden hat, ist damit zugleich auch weitgehend vor dem formalen Vorwurf geschützt, Sekretierungen vorwiegend aus persönlichen Interessen und Motiven vorzunehmen.[141]

Neben diesen Entlastungen, mit denen bei formaler Geheimhaltung in sozialen Organisationen – etwa im Gegensatz zu den Geheimhaltungen personaler Systeme in einfachen Sozialsystemen – gerechnet werden kann, bleibt jedoch das Risiko des Geheimnisbruches und -verrates bestehen, das mit jeder Geheimhaltung verbunden ist. Durch Formalisierung einer Geheimhaltung kann dieses Risiko nicht definitiv beseitigt werden, die spezifische Funktion der Formalisierung besteht in diesem Zusammenhang vielmehr darin, daß die Wahrscheinlichkeit des Verrates reduziert wird und die Geheimniswahrung mit größerer Sicherheit erwartet werden kann. Eine solche Erwartungssicherheit wird sich in dem Maße erhöhen, in dem die Attraktivität der Mitgliedschaft in einer Organisation steigt und dadurch die Wahrscheinlichkeit sich verringert, mit der die Mitgliedschaft von seiten einzelner Mitglieder riskiert wird. Ein weiteres Moment der Sicherheit formaler Geheimhaltung liegt ferner darin, daß im Falle einer gezielten Indiskretion bzw. eines Geheimnisverrates beispielsweise der Wahrheitscharakter verratener Informationen von seiten der Organisation offiziell dementiert werden kann oder etwa der vermeintliche Verräter als unglaubwürdig dargestellt und so sozial isoliert wird.

Eine formale Geheimhaltung kann sich entweder vorwiegend auf den Kreis der Nichtmitglieder und damit auf die externe Systemumwelt erstrecken oder aber systemintern eine Differenzierung eingeweihter und nichteingeweihter Mitglieder intendieren. Beispielsweise können betriebsinterne Vorgänge generell als Betriebsgeheimnisse deklariert und so ihre Mitteilung an Nichtmitglieder formal negiert werden, oder organisationsinternen Abteilungen – z. B. Entwicklungsabteilungen in Industriebetrieben – werden bestimmte Geheimhaltungsverpflichtungen gegenüber den in anderen Abteilungen beschäftigten Mitgliedern auferlegt. Sofern formale Geheimhaltungen gegenüber der externen Umwelt überhaupt in die Außendarstellung einer Organisation eingehen, sind sie gegenüber Nichtmitgliedern durchaus als Grenzziehungen in der Sozialdimension zu rechtfertigen, während sich für systeminterne Sekretierungen eher eine Darstellung bzw. Erklärung in der Sachdimension empfiehlt, die peinliche Vertrauensfragen gar nicht erst aufkommen läßt.

Im Gegensatz zur alltäglichen Geheimhaltung personaler Systeme bzw. einzelner Personen muß im Falle einer formalisierten Geheimhaltung ein weitaus höheres Maß an Umweltkomplexität berücksichtigt und verarbeitet werden. Während ein personales System seine Geheimhaltung im Extrem derart zu generalisieren vermag, daß niemand den Geheimnisinhalt erfährt, und der Umwelt die Möglichkeit der Teilhabe am Geheimnis somit generell genommen werden kann, muß bei einer Geheimhaltung in sozialen Organisationen zusätzlich die Tatsache berücksichtigt werden, daß das Wissen um ein organisationsinternes Geheimnis insofern immer auch einen Teil der Umwelt darstellt, als die personalen Systeme der Mitglieder einen Teil der Umwelt des Sozialsystems der Organisation bilden. Eine interne formale Geheimhaltung muß deshalb häufig[142] angesichts einer doppelten Umwelt getroffen und durchgehalten werden: zum einen muß erwartet werden können, daß das Geheimnis gegenüber einer systeminternen Umwelt formal nichteingeweihter Mitglieder gewahrt bleibt; zum anderen muß sicher gestellt sein, daß die geheimen Informationen nicht an Stellen oder Systeme der externen Umwelt gelangen. Eine derart doppelte Problematisierung der Umwelt empfiehlt sich vor allem dann, wenn bereits die bloße Kenntnis geheimer Informationen ein Risiko für die Organisation bedeuten würde, weil die weitere Verarbeitung dieser Informationen in der Umwelt nicht voraussehbar und kontrollierbar ist.

Als formale Geheimnisse sollen hier nur solche Retentionen und Mitteilungsnegationen bezeichnet werden, die von seiten einer Organisation ausdrücklich mit diesem Kommunikationsmodus qualifiziert und als Geheimnis dargestellt und legitimiert werden. Unabhängig von formalisierten bzw. formalisierbaren Geheimhaltungen verfügt jede Organisation über mannigfaltige formale Informations- und Kommunikationsbeschränkungen, die innerhalb des Bereiches formaler Mitteilungserwartungen und Auskunftsbegehren durchaus auch die Funktion der Geheimhaltung erfüllen können. Voraussetzung dafür ist allerdings, daß eine solche Funktion latent bleibt. Ein solches latent funktionales Geheimhaltungsäquivalent können beispielsweise formale Kommunikationen und die Formalisierung von Kommunikationsnetzen in der Form von Dienstwegen sein, die neben einer Strukturierung des Informationsinhaltes, seiner Weitergabe und Verarbeitung zugleich immer auch bestimmte formale Zugangsbeschränkungen aufweisen. Mitteilungserwartungen von seiten solcher Mitglieder oder Stellen, die an einem formalisierten Informationsfluß nicht teilhaben, können weitgehend ignoriert werden, und entsprechende Informationsersuche lassen sich formal vor allem dann zurückweisen, wenn sie nicht gerade von Vorgesetzten oder übergeordneten Dienststellen kommen. Solche formalen Informations- und Zugangsbeschränkungen schließen freilich nicht aus, daß man sich im Falle einer formalen Ablehnung die erforderlichen Informationen auf informalen Kanälen verschafft oder aber sich aufgrund einer antizipierbaren formalen Auskunftsverweigerung von vornherein unter Kollegen umhört und erkundigt. Solche formalen Informations- und Zugangsbeschränkungen sind mit jeder Grenze organisierter Sozialsysteme verbunden, mag es sich dabei um Grenzen von Subsystemen oder um Grenzen gegenüber Nichtmitgliedern handeln; und zumeist erfüllen diese Grenzen auch insofern eine mehr oder weniger latente Geheimhaltungsfunktion, als außen nicht alles in gleicher Weise und Deutlichkeit erscheinen darf, was intern frei und offen gesagt, getan und gedacht wird.

Neben diesen latenten Geheimhaltungsfunktionen formaler Systemstrukturen hat das Phänomen der Geheimhaltung in formalen Organisationen häufig selbst eine latente Funktion als Ersatz- und Erklärungsformel für organisationsinterne Informationsungleichheiten und -knappheiten. Vor allem durch Arbeitsteilung sowie durch die Über- und Unterordnung von Entscheidungsinstanzen läßt sich eine Gleichverteilung relevanter Informationen in komplexen Organisationen nicht erreichen – und selbst dort, wo sie dennoch programmatisch gefordert wird, bleibt sie notgedrungen Fiktion. Sowohl der Kommunikationsfluß von unten nach oben unterliegt einer Schleusung und muß notwendig interne Kommunikationsschwellen und -filter passieren, um den formalisierten Informationserwartungen der jeweiligen Systemspitzen zu genügen, als auch in umgekehrter Richtung, in der Kommunikationsinhalte zumeist zunehmend an Konkretheit gewinnen, wird Information vorenthalten und so auf den unteren Stellen Unterinformiertheit induziert. Obgleich derartige Informationsdefizite sich in Organisationen kaum ausräumen lassen werden und weitgehend strukturbedingt sind, werden sie doch häufig im Erleben der nur unzureichend informierten Mitglieder und Stellen als Beweis bzw. Folgeerscheinung vorsätzlicher Geheimhaltungen aktualisiert. Da dabei vor allem gerade auf den unteren Stellen die Legitimationsgrundlage derartiger erlebter Geheimhaltungen nur selten hinreichend überschaut wird, entsteht leicht der Eindruck als handele es sich um formale Geheimhaltungen. In solchen Fällen dient die formale Geheimhaltung jedoch eher der subjektiven Konstruktion einer organisationsinternen Wirklichkeit und der Verarbeitung von Enttäuschungen, ohne faktischer Bestandteil der formalen Systemstruktur zu sein.

Schließlich muß noch zwischen organisationsinternen formalisierten Geheimhaltungen und solchen Geheimhaltungen unterschieden werden, die zwar auch in Organisationen generalisierten Verhaltenserwartungen unterliegen, die ihre Legitimationsgrundlage jedoch in der Form von Institutionalisierungen außerhalb des jeweiligen Handlungssystems der Organisation finden. Solche institutionalisierten Geheimhaltungen sind beispielsweise die Berufsgeheimnisse von Priestern, Rechtsanwälten, Ärzten etc.[143] sowie geheime Wahl- und Abstimmungsverfahren. Sie können sehr wohl in die formalisierten Verhaltenserwartungen und die formale Struktur von Organisationen integriert sein; es ist jedoch kaum zu erwarten, daß jemand, der gegen diese speziellen Geheimhaltungsverpflichtungen verstößt, dadurch zugleich seine Mitgliedschaft riskiert; wenn überhaupt, werden solche Verstöße vielmehr von seiten des Staates oder aufgrund berufsspezifischer Ehrenordnungen geahndet.

Eine Unterscheidung formaler Geheimhaltungen von sonstigen organisationsinternen Geheimhaltungen und Geheimhaltungsäquivalenten bzw. -unterstellungen ist deshalb wichtig, weil anders die spezifische Funktion, die der Formalisierung von Geheimhaltungen in Organisationen zukommt, nicht deutlich würde. Bevor auf diese spezifische Funktion nun näher eingegangen wird, sei kurz noch die Erscheinungsweise solcher formaler Geheimhaltungen umrissen.

Formale Kommunikationen weisen wegen ihrer hohen Authentizität einen im Vergleich zu alltäglichen Kommunikationen nur geringen Anteil analogen Kommunikationsmaterials auf. Die Qualifikation formal zulässiger Kommunikationsmodi – etwa eines Antrages, einer Anfrage, von Entscheidungen oder eines Befehls bzw. einer Dienstanweisung – erfolgt primär über digitales, sprachlich vermitteltes Kommunikationsmaterial. Analogem Material kommt zwar eine wichtige Funktion für die Qualifizierung einer Situation bzw. eines Vorganges als formal oder informal zu. Insofern als der Wechsel zwischen formalen und informalen Kommunikationen selbst jedoch nicht formal vorgezeichnet ist und in konkreten Situationen weitgehend in der Verfügbarkeit der Beteiligten liegt[144], ist das analoge Material für eine Spezifikation und Differenzierung formaler Modalisierungen relativ bedeutungslos. Vor allem dann, wenn ein formaler Vorgang über den Kreis der in einer konkreten Situation Anwesenden hinaus hinsichtlich seines Kommunikationsmodus qualifiziert werden soll, müssen zumeist sowohl der Vorgang selbst als auch sein jeweiliger Kommunikationsmodus schriftlich fixiert werden. Das gilt auch für formale Mitteilungsqualifizierungen vom Typ des Geheimnisses.

Informationen, deren Diffusion durch Geheimhaltung formal begrenzt und kontrolliert werden soll, müssen daher sprachlich bzw. schriftlich entsprechend gekennzeichnet werden. Dies geschieht etwa, indem schriftliche Vorgänge über ihren jeweiligen Informationsgehalt hinaus klassifiziert werden, je nachdem, ob sie als vertraulich, geheim oder gar als streng geheim zu gelten haben. Wenngleich die Schriftlichkeit formaler Sekretierungen eine notwendige Bedingung für eine effektive Geheimhaltung sowie für die formale Sanktionierung etwaiger unbefugter Mitteilungen sein kann, so bedeutet sie doch zugleich eine wesentliche Einschränkung der Möglichkeiten formaler Geheimhaltung. Zum einen kann durch die Schriftlichkeit geheimer Informationen das Risiko einer nichtintendierten Teilhabe am Geheimnis insofern erhöht werden, als nur unter erheblichem zusätzlichem Sicherheitsaufwand auszuschließen ist, daß Unbefugte sich unter Umgehung formaler wie informaler Kommunikationen Zugang zu geheimen Vorgängen verschaffen. Zum anderen geschieht eine Eingrenzung der Geheimhaltungsmöglichkeiten dadurch, daß eine formalisierte Geheimhaltung die Möglichkeit einer reflexiven Geheimhaltung stark reduziert, wenn nicht gar ausschließt. Um vor allem systemintern die Existenz formaler Sekretierungen formal geheim zu halten, wird es einer Legitimations- und Motivationsverstärkung der zu einer solchen Geheimhaltung zu verpflichtenden Mitglieder bedürfen, die zusätzliche Belohnungen, Erklärungen oder Zwänge erforderlich machen kann, was eine Organisation mit dem Widerspruch konfrontieren könnte, interne Illegalitäten formal legitimieren zu müssen. Eine solche Vorgehensweise ließe sich kaum mit der Außendarstellung einer Organisation gegenüber der Umwelt der personalen Systeme ihrer Mitglieder vereinbaren. Eine weitere Schwierigkeit reflexiver formaler Geheimhaltung liegt schließlich darin, daß die Reflexivität der Geheimhaltung zu ihrer Formalisierung möglicherweise wieder aktenkundig werden müßte, so daß die reflexive formale Sekretierung damit wieder dem gleichen Risiko ausgesetzt wäre wie die einfache Form der Geheimhaltung, nämlich vor unbefugtem Zugriff nicht gesichert zu sein. In der Regel wird eine Reflexivität formaler Geheimhaltung viel zu aufwendig sein. Eine Verheimlichung formaler Geheimhaltungen wird sich in Organisationen häufig sehr viel einfacher dadurch erreichen lassen, daß die formale Geheimhaltung durch Geheimnisäquivalente der formalen Kommunikationsstruktur effektiv verdeckt oder aber durch zusätzliche informale Geheimhaltungsmaßnahmen abgestützt und verschleiert wird.

Die spezifische Funktion formalisierter Geheimhaltungen läßt sich am deutlichsten in einem doppelten Zugriff darstellen, bei dem zwischen einer primären grundlegenden Funktion und sekundären Funktionen unterschieden wird, die mit einer Anwendung formaler Geheimhaltungen in Organisationen verbunden sind.

Die grundlegende *primäre* Funktion einer formalen Geheimhaltung besteht darin, daß die formalen Kommunikationen und die internen Strukturen der Informationsübermittlung und -verarbeitung eine zusätzliche Spezifikation erfahren. Eine Formalisierung der Geheimhaltung hat gegenüber den formalen Kommunikationen einer Organisation die Funktion einer Formalisierungsverstärkung. Durch die Teilhabe an einem formalen Geheimnis entsteht ein organisationsinternes Subsystem, in dem in Hinblick auf den Umgang mit dem Geheimnisinhalt ganz bestimmte Verhaltensweisen generalisiert erwartbar sind bzw. erwartbar sein müssen. Die Teilhabe an einem formalen Geheimnis und die Zugehörigkeit zum Subsystem der in das Geheimnis Eingeweihten impliziert unabhängig von der individuellen Motivation und Interessenlage die Anerkennung generalisierter Verhaltenserwartungen. Insofern als ein Vorstoß gegen diese Erwartungen die Vertrauenswürdigkeit des Abweichlers sowie eine Teilhabe an weiteren Geheimnissen selbst für den Fall ausschließt, daß ein solcher Verstoß nicht notwendig die Mitgliedschaftsfrage in bezug auf die umgreifendere Organisation aufwirft, kommt einer solchen Teilhabe eine der Mitgliedschaft in Organisationen äquivalente Funktion zu. Indem die formale Kommunikationsstruktur einer Organisation durch eine formale Geheimhaltung zusätzlich formalisiert wird, hat eine formale Geheimhaltung die Funktion einer reflexiven Formalisierung der Kommunikation.

Die in jeder Geheimhaltung enthaltene Mitteilungsnegation wird durch die Tatsache der Formalisierung auf doppelte Weise wirksam. Zum einen wird formal vorgezeichnet, wer an dem Geheimnis teilhat bzw. teilhaben darf, und wer formal ausgeschlossen ist. Zum anderen impliziert die Formalisierungsverstärkung, daß die kommunikative Verarbeitung der geheimen Informationen Bestandteil der mit der Geheimhaltung formal vorgezeichneten Kommunikationsstruktur und entsprechender formaler Situationsdefinitionen bleibt und so gerade nicht in die informale Kommunikation mit anderen nichteingeweihten Mitgliedern eingeht. Mit der Formalisierung einer Geheimhaltung wird der Tatsache Rechnung getragen, daß in Organisationen Inhalte formaler Kommunikationen in der Regel gerade nicht auf die formal vorgezeichneten Kommunikationswege und -netze beschränkt bleiben sondern Gegenstand und Inhalt der unterschiedlichsten informalen Kommunikationen sind, und ihre Diffusion innerhalb wie außerhalb des Systems kaum kontrolliert werden kann. Weil aufgrund einer formalen Sekretierung die Verfügbarkeit der Eingeweihten begrenzt ist und gegebenenfalls auch kontrolliert werden kann, wird so zugleich erwartbar, wer über bestimmte Informationen nicht verfügen kann.

Eine derartige Begrenzung und Negation der Verfügbarkeit über geheime Informationen muß nicht notwendig zugleich auch bedeuten, daß Nichteingeweihte nicht um diese Informationen wissen. Bei vielen Geheimnisinhalten ist es ziemlich irrelevant, ob andere Mitglieder darum wissen oder nicht. Häufig ist einzig und allein wichtig, daß die formale Erwartung, daß andere nicht um das Geheimnis wissen *dürfen,* nicht widerlegt und enttäuscht wird.

Abgesehen von den wenigen Fällen, in denen eine formale Geheimhaltung ihren Sinn ausschließlich darin hat, daß das Wissen um bestimmte Ereignisse oder Sachverhalte den Nichteingeweihten garantiert vorenthalten bleibt, wäre die grundlegende Funktion formalisierter Geheimhaltungen, nämlich die Verfügbarkeit über den Geheimnisinhalt auf die formale Kommunikation zwischen formal Eingeweihten zu beschränken, auch dann gegeben, wenn die Grenzen des Wissens um das Geheimnis mit denen der Verfügbarkeit nicht identisch sind. In erster Linie kommt es darauf an, daß etwaige Folgen solcher informalen Kommunikation ausgeschlossen sind, die darin bestehen könnten, daß eine informale Teilhabe am Geheimnis Anlaß zu formalen Kommunikationen geben und verändernd auf die bisherige formale Struktur einwirken könnte. Um dies zu gewährleisten, ist es wichtig, daß in informalen Kommunikationen gegebenenfalls nicht nur formal geheimgehaltene Informationen weitergegeben werden, sondern daß die Kommunikationspartner zusätzlich über den Kommunikationsmodus informiert werden, den diese Informationen innerhalb der formalen Organisation haben. Über den Sinn und die Bedeutung, die die jeweiligen Informationen im gemeinsamen Handlungssystem haben, kann der weitere Umgang mit diesen Informationen auch von seiten der Nichteingeweihten gesteuert werden. Beispielsweise wird so evident, daß die informale Kenntnis formal nicht verwendet werden kann. Wer sich direkt auf geheime Informationen berufen wollte, die ihm nicht formal mitgeteilt wurden, wäre gezwungen, seine Informationsquelle offen zu legen – und das würde zumeist bedeuten, seinen Informanden als Verräter zu denunzieren. Ein bloßer Verweis auf entsprechende Gerüchte wäre selbst dann keine ausreichende formale Handlungsgrundlage, wenn die Legitimation der Geheimhaltung selbst oder ihres Inhaltes in Frage stünden. Möglicherweise wird die informale Diffusion des formalen Geheimnisses selbst wieder einer Geheimhaltung bedürfen. Durch entsprechende informale Geheimhaltungen wäre so etwa sicherzustellen, daß ganz bestimmte Stellen und Personen – etwa Vorgesetzte – auch nicht auf informalem Wege davon erfahren, daß von ihnen als geheim erachtete Informationen bruchstückhaft oder vollständig im ‚Organisationsuntergrund' frei gehandelt werden; das müßte notwendig das Vertrauen in die Zuverlässigkeit der formal Eingeweihten schwächen und möglicherweise gar formale Recherchen nach undichten Stellen auslösen. Wenn schon die Möglichkeit einer formalen Geheimhaltung zumindest teilweise auf der Fiktion basiert, daß Nichteingeweihte faktisch nicht an den geheimen Informationen teilhaben, so darf doch gerade die Fragwürdigkeit und Brüchigkeit dieser Grundlage nicht allzu deutlich werden[145].

In der Aufrechterhaltung und dem Darstellungsentzug von Fiktionen zeigt sich bereits eine wichtige *sekundäre* Funktion formaler Geheimhaltung. Wenngleich damit auch der Rahmen formaler Organisationen ein wenig überschritten wird, so wird diese Geheimhaltungsfunktion etwa besonders deutlich am Beispiel des richterlichen Beratungsgeheimnisses[146]. Durch die Geheimhaltung des einem Urteil vorausgehenden Beratungsprozesses wird – zumindest in solchen Fällen, in denen die abweichende Meinung einer Minorität nicht mitdargestellt wird – nicht nur die Fiktion gestützt, als sei das Urteil einstimmig gefallen und allein gerecht und unumstoßbar. Auch die Fiktion, daß etwa Schöffen allein durch die Tatsache ihres Amtes gleichermaßen zur Rechtsprechung befähigt seien wie Berufsrichter, kann so ebenso wirksam einer Problematisierung entzogen bleiben.

Darüber hinaus wird an diesem Beispiel eine weitere Funktion sichtbar, die auch einer formalen Geheimhaltung in Organisationen zukommen kann. Die über Geheimhaltung legitimierte Nichtöffentlichkeit der Beratung entlastet zugleich von Darstellungszwängen, der alle Beteiligten während des öffentlichen Teils des Verfahrens unterliegen. Eine weitere Entlastung besteht darin, daß informales Verhalten weitgehend zugelassen ist, und emotionale Neutralität zumindest zeitweise suspendiert werden kann. Dadurch, daß die Situation nicht unter dem Zwang steht, ausschließlich Klartext reden zu müssen, können Meinungen zunächst getestet und Divergenzen möglicherweise erfolgreicher ausgetragen werden. Meinungsänderungen und Zugeständnisse sind leichter möglich, wenn der Zwang, sein Gesicht und die einmal eingeschlagene Selbstdarstellung wahren zu müssen, verringert ist.

Eine weitere sekundäre Funktion formaler Geheimhaltung besteht darin, daß durch Geheimhaltung – neben der Formalisierungs- und Grenzverstärkung bereits vorhandener, institutionalisierter, formaler Kommunikationsnetze – in Abweichung von diesen neue Kommunikationsnetze etabliert und stabilisiert werden können. So kann etwa in Organisationen, in denen eine lineare oder kreisförmige Kommunikationsstruktur dominiert, für bestimmte Aufgaben und Einzelfälle eine hierarchisch-zentralisierte Struktur[147] durch eine formale Geheimhaltung eingerichtet werden, ohne daß dadurch notwendig bereits institutionalisierte Kommunikationen in Frage gestellt würden oder weitreichendere Umstrukturierungen vorgenommen werden müßten. Eine solche über Geheimhaltung formalisierte hierarchische Zentralisierung kann den Vorteil bieten, daß Informationen auf den speziellen Informationsbedarf und die Kompetenz ausgewählter Empfänger zugeschnitten werden, ohne daß andere Stellen, die vorwiegend der Informationsübermittlung dienen würden, unnötigerweise von einem Vorgang Kenntnis erhalten. Neben einer etwaigen Beschleunigung des Informationsflusses bietet eine solche Vorgehensweise vor allem im Stadium der vorbereitenden Planung und des Testens von Meinungen ausgewählter Stellen und Personen erhebliche Vorteile. Während formalisierte und relativ breit angelegte Kommunikationsnetze ansonsten gerade den Vorteil gewähren, daß eine Vielzahl von Stellen mit unterschiedlichen Möglichkeiten und Spezialisierungen an einem Vorgang beteiligt werden, kann von dieser Möglichkeit im Einzelfall durch formale Geheimhaltung abgesehen und so etwa eine unerwünschte Überlastung von Kontroversen mit Argumenten, eine vorzeitige Verhärtung von Fronten und Meinungsverschiedenheiten oder ein Anheizen schwelender Konflikte vermieden werden.

Ferner kann die Geheimhaltung von Einzelfallanweisungen die Funktion haben, Ausnahmen zu isolieren und vor den Augen anderer zu verbergen, um daraus möglicherweise ableitbare, nicht intendierte neue Verhaltensgeneralisierungen zu verhindern. Auch lassen sich auf diese Weise andere problematische Praktiken und Problemlösungen decken, auf die ein System bei der Verarbeitung interner Widersprüche angewiesen ist, die sich für Darstellungszwecke jedoch kaum eignen würden.

Die Chancen formaler Geheimhaltung sind in Organisationen durchaus unterschiedlich verteilt. Formale Geheimhaltung ist in der Regel nicht nur vorwiegend eine Formalisierungsverstärkung vertikaler formaler Kommunikationen, auch die Kompetenz und Legitimation zur Initiierung offizieller Geheimhaltungen sind deutlich begrenzt. Informationen formal zu sekretieren und andere erfolgreich auf die Wahrung einer solchen Sekretierung zu verpflichten, wird letztlich nur Vorgesetzten im oberen Teil der Hierarchie zugestanden. Das schließt freilich nicht aus, daß diese Kompetenz gelegentlich an Stabsstellen oder Vorgesetzte unterer Instanzen delegiert werden kann. Voraussetzung für die Effektivität einer von niedrigeren Stellen erlassenen Geheimhaltung ist es, daß von den zur Geheimhaltung Verpflichteten die Legitimation der Geheimhaltung von seiten der bzw. des nächsthöheren Vorgesetzten erwartet werden kann. Unabhängig von einer möglichen Delegation der Geheimhaltungskompetenz ist eine offizielle Klassifizierung von Informationen stets nur für die Untergebenen relevant; sie haben sich an die entsprechenden Kommunikationsbeschränkungen zu halten, während der Vorgesetzte frei darüber entscheiden kann, ob er zusätzlich andere Untergebene einweiht oder wie er die geheimen Informationen im Kontakt mit seinen Vorgesetzten verwendet. Abgesehen von der mangelnden formalen Kompetenz zur Sekretierung sind Mitglieder in den untersten Stellen der Hierarchie auch kaum in der Lage, die Relevanz und den formal erforderlichen Kommunikationsmodus von Informationen innerhalb der Gesamtorganisation adäquat zu übersehen – was vor allem gegenüber Nichtmitgliedern nicht selten zu einer Generalisierung formaler Mitteilungsnegationen führt, die mit dem Hinweis auf interne formale Sekretierungen legitimiert werden[148].

5. Informale Geheimhaltung

Bereits oben[149] wurde darauf hingewiesen, daß das faktische Verhalten in sozialen Organisationen durch die formalen Verhaltenserwartungen nicht determiniert wird. Die formale Struktur induziert spezifische informale Verhaltensweisen und schafft einen für Organisationen typischen Verhaltensstil, der deutlich vom elementaren Alltagsverhalten abweicht. Obgleich die formale Organisation ein Monopol legitimierten wie legitimierbaren Handelns innehat, setzt sie dennoch zahlreiche nichtlegitimierbare Verhaltensweisen voraus, ohne die ihre spezifischen Leistungen gar nicht zu erzielen wären und ihr Bestand nicht nicht sichern ließe.

Formalisierte Verhaltenserwartungen sind häufig gar nicht am faktischen Verhalten in Organisationen orientiert. Sie haben ihre Gültigkeit vielmehr für Grenzfälle und sind auf Situationen bezogen, die zwar möglich sind, jedoch kaum oder nur selten eintreten. Dadurch, daß das formalisierte Verhalten die Möglichkeit bietet, auf es zurückgreifen zu können, wenn andere Generalisierungen und Verhaltensorientierungen versagen, bietet es eine gewisse Sicherheit. Insofern als die formale Organisation ein Verhalten zuläßt – wenngleich auch nicht legitimiert –, das sich zwar an den formalen Erwartungen orientiert, ihnen jedoch nicht immer entspricht und häufig diese Erwartungen auch verletzt, kann man von ‚brauchbaren Illegalitäten' sprechen. „Die formale Organisation prägt einen eigenen Stil der Illegalitäten."[150]

Unabhängig davon, ob das faktische Verhalten formale Erwartungen kopiert und direkt bestätigt, oder ob es die formale Verbindlichkeit als Ordnungsprinzip in informalen Situationen negiert, orientiert es sich an der formalen Ordnung und „trägt ihr als Erwartung Rechnung".[151] Im Falle der Negation der formalen Verbindlichkeit besteht die Orientierung an diesen Erwartungen notwendigerweise auch darin, daß das faktische Verhalten der Darstellung entzogen bleibt und sowohl als Handlung wie hinsichtlich seiner Funktion gegenüber dem formalen System verborgen wird. Offen darstellbar ist in Organisationen einzig und allein ein solches Verhalten, das keinen

Zweifel daran entstehen läßt, daß alle formalen Erwartungen exakt und sinngemäß erfüllt werden.

Insofern als nichtlegitimierbares Handeln in formalen Organisationen einerseits unvermeidbar und unverzichtbar ist, andererseits jedoch aufgrund seines illegalen Charakters mit den allein legitimen formalen Erwartungen nicht in Einklang zu bringen ist und nicht offen dargestellt werden darf, entsteht in Organisationen immer auch ein hoher Bedarf an Geheimhaltungen, an Verschweigungs- und Verschleierungsstrategien. Ebenso wie formale Organisationen generell einen eigenen Verhaltensstil schaffen, machen sie auch spezifische Geheimhaltungsstrategien erforderlich, die so nur in formalisierten Systemen auftreten. Diese Geheimhaltungen sind insofern Teil des informalen Verhaltens, als sie sich gegenüber der formalen Verhaltensstruktur nicht legitimieren lassen. Sie sind illegal und müssen selbst wieder der Darstellung entzogen werden.

Die spezifische Funktion informaler Geheimhaltungen besteht somit also darin, in Organisationen den notwendigen Darstellungsentzug formal nicht legitimierbarer Handlungen zu ermöglichen bzw. zu garantieren. Darüber hinaus müssen auch die dem informalen Verhalten zugrundeliegenden Verhaltenserwartungen verheimlicht werden, um die von seiten der Organisation erzwungene Darstellung der Normtreue und Konformität zu gewährleisten. Im Gegensatz zur formalen Geheimhaltung, durch die die Verfügbarkeit von Informationen auf klar umrissene formale Kommunikationen und Kommunikationspartner beschränkt wird, wird durch informale Geheimhaltung verhindert, daß Informationen über informale Vorgänge überhaupt zum Gegenstand formaler Kommunikationen werden. Das schließt freilich nicht aus, daß durch eine solche Verheimlichung informaler Verhaltensweisen formale Kommunikationen gerade erst ermöglicht oder verbessert werden. In dieser Leistung liegt vielmehr die besondere latente Funktion, die die informale Geheimhaltung für die formale Kommunikation in Organisationen hat. Im Schutz informaler Verheimlichung können formale Kommunikationen vorbereitet, beschleunigt oder auch vermieden werden und so weitgehend von Komplexität in der Form von Dissens, Widersprüchen und unzureichender Information entlastet werden.

Wenngleich Geheimnis und Geheimhaltung auch nicht die einzigen Strategien und Mechanismen sind, mit denen informales Verhalten wirksam gegenüber der formalen Ordnung abgeschirmt wird, so beinhalten sie doch insofern generalisierte Verhaltenserwartungen, als Geheimhaltung den dominierenden Modus darstellt, mit dem informale Vorgänge von seiten der Mitglieder angesichts offizieller Erwartungen und Situationen qualifiziert werden können. Die Erwartbarkeit, mit der in brenzligen Situationen auf die Möglichkeit der Modalisierung als Geheimnis zurückgegriffen werden kann, steigt in dem Maße, wie es gelingt, die Generalisierung kongruent zu vollziehen: wenn nämlich die Geheimhaltung unabhängig vom Einzelfall aufgrund von Normierungen, über eine Unterstellbarkeit von Konsens sowie aufgrund spezifischer informaler Rollen[152] erwartet werden kann. Sofern mit einer solchen ‚Verschwörung des Verschweigens'[153] gerechnet werden kann, entfällt nicht nur die Notwendigkeit, die Verschwiegenheit und Loyalität der Beteiligten im Einzelfall testen zu müssen; auch kann auf eine ausdrückliche metakommunikative Thematisierung der Geheimhaltungserwartung verzichtet werden. Selbst bloße analoge Qualifizierungen oder indirekte Kommunikationen als symbolische Sinnvergewisserungen erübrigen sich weitgehend, wenn die Informalität von Kommunikationen als gemeinsame Situationsdefinition außer Frage steht.

In dieser Generalisierbarkeit von Geheimhaltungserwartungen liegt das funktionale Äquivalent für die Legitimation, der die informale Geheimhaltung im Vergleich zur formalen Geheimhaltung entbehrt. Die besondere Voraussetzung der Erwartbarkeit informaler Geheimhaltung kommt darin zum Ausdruck, daß die Reichweite, in der sie unterstellt werden kann, in der Regel kürzer ist als die der formalen Geheimhaltung. Während alle Mitglieder einer Organisation potentiell einer formalen Geheimhaltungsverpflichtung unterzogen werden können, kann eine solidarisierende Illegalität des Verhaltens sowie die entsprechende Diskretion in formalen Situationen wohl überwiegend nur unter Kollegen mit Sicherheit erwartet bzw. wirksam unterstellt werden.

Die Erwartbarkeit kollegialer Diskretion bietet überhaupt erst die Voraussetzung, Informationen und Meinungen im Schutze des Vertrauens auszutauschen. Da man ohne informale Kontakte in formalen Organisationen kaum zurecht kommen und sich zunehmend isolieren würde sowie aufgrund des damit verbundenen permanenten Informationsmangels ständig im Hintertreffen wäre, ist man notwendig auf ein Vertrauensverhältnis unter Kollegen angewiesen. Ein solches Vertrauensverhältnis lebt davon, daß es durch regelmäßige Vertrauenserweise aktiviert und unter Beweis gestellt wird. Das geschieht beispielsweise durch die Mitteilung privater Interessen und Erlebnisse – etwa von der Art der Montagsgespräche – sowie durch eine gezielte indiskrete Behandlung formaler Kontakte und -regeln. Ebenso wie man unter Kollegen weiß, wie sehr man aufeinander angewiesen und der Aufrechterhaltung gemeinsamer Darstellungen und Darstellungsstrategien verpflichtet ist, lassen sich auch die Folgen absehen, die man sich aus einem indiskreten Umgang mit kollegialen Indiskretionen und Illegalitäten in formalen Situationen einhandeln würde. In gleicher Weise wie man auf die Diskretion der Kollegen angewiesen ist, um sich das Leben nicht unnötig schwer zu machen, müssen auch die Abweichungen der Kollegen nach außen mit einem Mantel der Verschwiegenheit umgeben werden.

In ganz besonderem Maße sind Cliquen[154] auf eine solche gegenseitige Diskretion angewiesen. Cliquen unterscheiden sich von einfachen Beziehungen, die unter Kollegen bestehen, durch ihre höhere Integration und ihre spezifischen strategischen Funktionen, die sie innerhalb formaler Organisationen erfüllen können. Cliquen haben eher den Charakter von Gruppen und entwickeln eigene Regeln der Zugehörigkeit bzw. der Gruppenmitgliedschaft. Sie lassen sich nicht notwendig aus formal vorgezeichneten Kooperationsgefügen und kommunikativen Beziehungen ableiten, sondern ignorieren und durchkreuzen eher die formal vorgezeichneten Grenzen. Daraus entstehen den Cliquen besondere Informationsmöglichkeiten und -vorteile, die sich strategisch nutzen lassen. Cliquen formieren sich vornehmlich „um einen speziellen Bedarf an illegalen Handlungen und Ausdrucksmöglichkeiten"[155] und sind daher in besonderem Maße auf verstärkten Konsens angewiesen. Wenngleich solche Cliquen zumeist auch informal kein Geheimnis aus ihrer Existenz machen, so empfiehlt es sich doch, daß bei Informationen, die von ihnen nach außen gegeben werden, die Quelle dieser Informationen verheimlicht wird.

Die unterschiedliche Erwartbarkeit einer erfolgreichen Geheimhaltung spiegelt zugleich auch die unterschiedliche Vertrauensbasis wider, auf der die beiden Formen der Geheimhaltung basieren. Der formalen Geheimhaltung liegt ein Vertrauen in die Strukturen und Sanktionsmöglichkeiten des formalen Systems zugrunde, wohingegen die informale Geheimhaltung eher von einem Vertrauen in die persönliche Vertrauenswürdigkeit konkret bekannter Personen ausgeht, ohne dabei jedoch völlig auf ein Systemvertrauen verzichten zu können. Wie sehr ein solches personales Vertrauen überwiegt, wird beispielsweise daran deutlich, daß etwa Vorgesetzten gegenüber mit informalen Informationen selbst dann sehr viel vorsichtiger umgegangen wird, wenn sie persönliches Vertrauen genießen, weil sich kaum absehen läßt, wie sie diese Informationen innerhalb der Organisation verwenden, und ob sie sie nicht doch eines Tages – absichtlich oder unabsichtlich – in formale Sanktionen einfließen lassen[156]. In ähnlicher Weise werden diese Vertrauensgrenzen informalen Verhaltens auch bei personalen Veränderungen deutlich. Bei Vertretungen oder neuen Mitarbeitern wird möglicherweise solange auf ein normenkonformes Verhalten zurückgegriffen bzw. ein entsprechendes Verhalten dargestellt, bis die Vertrauenswürdigkeit des Neuen erwiesen ist, oder es aber für ihn evident wird, daß die formal zugewiesene Aufgabe ohne ein gewisses Maß an Illegalität gar nicht adäquat erbracht werden kann[157].

Während es auf der horizontalen Ebene im Kontakt mit Kollegen oder in der Abgeschiedenheit des eigenen Dienstzimmers relativ einfach ist, das faktische Verhalten und die darin enthaltenen Abweichungen und Fehler diskret zu behandeln und vor einer Konfrontation mit formalen Erwartungen zu verbergen, erhöhen sich die Verhaltensanforderungen um so mehr, je mehr das Verhalten organisationsintern an Öffentlichkeit gewinnt. Öffentliches Verhalten unterliegt einem verstärkten Darstellungszwang sowie einer Tendenz zum Offiziellen und muß sich somit zunehmend direkt an der formalisierten Ordnung orientieren. Lassen sich etwa Urlaubsprospekte oder Nachrichtenmagazine selbst in Anwesenheit von Kollegen hinter geschlossenen Türen während der Dienstzeit durchblättern, weil sie sich in Fällen formaler Kontakte schnell unter einem Aktenstoß verbergen lassen, oder sich ein solches Verhalten zumindest kurzfristig als offizielle Pause darstellen läßt, so entfallen solche Verhaltensmöglichkeiten vor allem dann, wenn das faktische Verhalten keinen entsprechenden Kommunikationsschranken und Sichtblenden unterliegt. Das gilt in verstärktem Maße besonders dann, wenn das Verhalten von Vorgesetzten einsehbar ist.[158]

Ähnlich wie es nicht möglich ist, in sozialen Situationen *nicht* zu kommunizieren[159], scheint es in formalen Situationen unmöglich, nicht beschäftigt zu sein bzw. nicht zu arbeiten. Zwar werden in Organisationen Pausen formal zugestanden, doch werden sie in der Regel aus eben diesem Grunde räumlich oder zeitlich mehr oder weniger symbolisch ausdifferenziert. Sofern das Verhalten einsehbar und kontrollierbar ist, müssen etwa Leerläufe, die aus Effektivitätsgründen offiziell zwar nicht auftreten dürfen, sich im Organisationsalltag jedoch kaum immer vermeiden lassen werden, durch zusätzliche Strategien verheimlicht werden, um so die Fiktion dauerhaften Fleißes der Mitglieder bzw. einer permanenten Überforderung eines Subsystems von seiten der internen wie externen Umwelt zu stützen. Nicht selten ist für solche Zwecke ein entsprechend darstellungsfähiges Verhalten informal programmiert: man zieht die Bearbeitung eines Vorganges in die Länge und entschuldigt dies gegebenenfalls durch unvorhersehbare Schwierigkeiten, oder Korrespondenzen, die bereits erledigt, jedoch formal noch nicht abgezeichnet sind, werden ein zweites Mal geschrieben. Eine solche Vorgehensweise kann nicht zuletzt dem Vorgesetzten den indirekten Vorwurf ersparen, er arbeite seinerseits nicht schnell genug oder die Zahl seiner Mitarbeiter sei eher eine Frage des Prestiges als des faktisch anfallenden Arbeitsumfanges. Wie sehr andererseits die Darstellung emsigen Beschäftigtseins in derart einsehbaren Situationen auch der Entlastung der personalen Systeme der Mitglieder von Darstellungsproblemen und Ängsten dient, zeigen z. B. Versuche in Großraumbüros, in denen die Verfügbarkeit über Ausmaß und Häufigkeit von Arbeitspausen versuchsweise den Mitgliedern formal übergeben wurde mit der Begründung, jeder einzelne könne am besten selbst darüber entscheiden, wann seine Leistungsfähigkeit durch eine Unterbrechung wieder gesteigert werden könne. Daß eigens dafür vorgesehene Erholungszonen überhaupt nicht in Anspruch genommen wurden, lieferte schließlich einen deutlichen Beweis für das Scheitern dieses Versuches.[160]

Neben dem Darstellungsentzug informalen Verhaltens gegenüber der formalen Ordnung und der Verschleierung brauchbarer Illegalitäten kann die informale Geheimhaltung auch dazu dienen, formale Kommunikationen und Kommunikationsinhalte zu selektieren und zu filtrieren. Insofern hat die informale Geheimhaltung nicht nur die Funktion, informales Verhalten formalen Kommunikationen als Gegenstand vorzuenthalten, sondern stellt selbst eine informale Verhaltensstrategie in bezug auf den Umgang mit der formalen Ordnung dar. Als Einschränkung der faktischen Verfügbarkeit formaler Kommunikationsinhalte kann die informale Geheimhaltung eine der formalen Geheimhaltung äquivalente Funktion erfüllen; von der formalen unterscheidet sich die informale Geheimhaltung dann allerdings wesentlich dadurch, daß diese Einschränkung der Verfügbarkeit einer formalen Legitimitätsgrundlage entbehrt; als möglicherweise brauchbare Illegalität ist eine solche Geheimhaltung nicht darstellungsfähig.

Durch informale Geheimhaltung können in der horizontalen wie in der vertikalen Dienstwegkommunikation Informationen der Mitteilung vorenthalten werden, die die Darstellung personaler oder sozialer Systeme innerhalb der Organisation oder in der Umwelt diskriminieren könnten, obwohl diese Informationen für die Kommunikations- und Informationsverarbeitung der formal vorgesehenen Adressaten durchaus wichtig sein können und ihre Mitteilung möglicherweise auch formal vorgeschrieben ist.[161] Darüber hinaus kann sich eine solche informale Geheimhaltung auch in Hinblick auf das Prestige oder den Einfluß des bzw. der Geheimhaltenden nützlich erweisen: obgleich andere auf die Mitteilung bestimmter Informationen angewiesen sind, oder der Besitz solcher Informationen ihnen die Arbeit erleichtern würde, werden sie ihnen entweder generell vorenthalten oder aber zum Inhalt illegaler Tauschhandlungen gemacht.

Für den Fall, daß die einer solchen informalen Geheimhaltung zugrundeliegende Mitteilungsnegation zum Gegenstand eines formalen Verfahrens werden sollte, oder daß Klagen über die Unvollständigkeit von Informationen erhoben würden, dürfte es für das informal geheimhaltende System in der Regel nicht allzu schwierig sein, sowohl die Tatsache der illegalen Geheimhaltung als auch den zugrundeliegenden Sachverhalt entweder in ihrer Existenz wirksam zu negieren oder aber als systeminternen, selbst nicht zu verantwortenden Übermittlungsfehler darzustellen. Ganz besonders eignet sich eine solche informale Geheimhaltung gegenüber einem Auskunftsbegehren und den Mitteilungserwartungen der Umwelt, da der informale und damit zugleich intern auch illegale Charakter einer informalen Geheimhaltung außen meist nicht durchschaut werden kann.

Unabhängig davon, ob die informale Geheimhaltung eine der formalen Geheimhaltung äquivalente Funktion hat oder der Verheimlichung informalen Verhaltens dient, ist sie Teil des informalen Verhaltens. Wie dieses entbehrt sie gegenüber der formalisierten Ordnung jeder Legitimation und ist formal betrachtet illegal. Das bedeutet, daß diese Form der Geheimhaltung in offiziellen Situationen der Darstellung entzogen werden muß und in informalen Kontakten und Kommunikationen der Diskretion unterzogen und vertraulich gehandhabt werden muß. Das heißt, daß die informale Geheimhaltung selbst wieder verheimlicht werden muß. Eine solch reflexive Geheimhaltung gegenüber der formalen Organisation ist deshalb dringend erforderlich, weil mit dem Offenbarwerden einer informalen Geheimhaltung zugleich auch ihre Funktion manifest würde, die darin besteht, formal nichtlegitimierbares Verhalten zu verschleiern und zu verbergen. Unabhängig davon, wie der konkrete Geheimnisinhalt auch aussehen mag, wäre damit auf die Existenz illegaler Praktiken verwiesen, was notgedrungen die Normen der Organisation und die Loyalität der Geheimhaltenden in Frage stellen und nicht selten formale Reaktionen und Sanktionen provozieren würde. Erst die Reflexivität informaler Geheimhaltung erlaubt es, informales Verhalten wirksam der Darstellung in formalen Situationen zu entziehen, ohne daß diese Strategie selbst wieder durchschaut und als informales Verhalten entlarvt werden könnte.

6. Grenzen und Folgen einer Geheimhaltung in Organisationen

Wie bereits allgemein die Forcierung formaler Erwartungen in Organisationen zu erheblichen Störungen führen kann[162], kann auch speziell die Forcierung formaler Geheimhaltungserwartungen deutliche und weitreichende dysfunktionale Folgen hervorrufen. Die wesentliche Ursache für die Dysfunktionalität formaler Geheimhaltungen ist darin zu suchen, daß die Geheimhaltung generell primär als eine interne Problemlösungstechnik des geheimhaltenden Kommunikationssystem verwendet und überwiegend nach internen Rationalitätskriterien und Nützlichkeitserwägungen vollzogen wird, ohne die Erfordernisse des Gesamtsystems und die konkreten Bedingungen und Anforderungen zu berücksichtigen, die sich aus der kommunikativen Verknüpfung des geheimhaltenden Teilsystems mit seiner organisationsinternen wie -externen Umwelt ergeben.[163] Sowohl die Erwartungsforcierung hinsichtlich der Wahrung einzelner konkreter Geheimnisse wie auch eine nicht seltene Neigung zur Geheimhaltungshypertrophie können innerhalb des geheimhaltenden Systems einen Großteil der intern insgesamt verfügbaren Eigenkomplexität in Anspruch nehmen und dadurch einen zunehmenden Teil der vorhandenen Potenzen des Systems für die Einhaltung der Geheimnisse oder auch deren Kontrolle fixieren, die damit für die Verarbeitung und Lösung anderer Probleme nicht mehr verfügbar sind. In dem Maße, wie die Anzahl der Geheimnisse eines kommunikativen Teilsystems und die Rigidität ihrer Wahrung zunehmen, kann das verfügbare Komplexitätspotential eines Systems schließlich derart stark in Anspruch genommen werden, daß die Lösung anderer Systemprobleme hinter den Erfordernissen der Geheimhaltung zurücktreten muß, was wiederum eine interne Anhäufung unreduzierter Komplexität zur Folge haben kann. Zwar läßt sich einer forcierten Geheimhaltung in Grenzen durch eine Erhöhung der eigenen Komplexität begegnen, doch ist es nicht ausgeschlossen, daß eine derartige Eigenkomplexitätserhöhung die intern realisierte Ordnung zunehmend belastet, so daß sie schließlich ihre Reduktionsfunktion einbüßt und an die Grenzen des Chaotischen gelangt.[164] Daß die Geheimhaltung dennoch zu einer weitverbreiteten Strategie sozialer Systeme gegenüber der Umwelt zählt, mag zum einen daher rühren, daß die dysfunktionalen Folgen der Geheimhaltung sich meist erst auf niedrigeren Problemebenen ergeben und zudem in ihrer funktionalen Verknüpfung der Strategie der Geheimhaltung häufig weitgehend latent bleiben. Zum anderen konfrontiert eine Vielzahl von Geheimnissen das System nicht immer auf so drastische Weise mit den Folgeproblemen; viele Geheimnisse eines Systems finden tatsächlich in der Umwelt keine Beachtung; ihre Funktion beschränkt sich auf den Augenblick oder eine geringe zeitliche Dauer, die das System mit nur geringen Folgeproblemen belastet; schließlich sind nicht alle Geheimnisse eines Systems von gleicher Relevanz und machen auch nicht den gleichen Sicherheitsaufwand zu ihrer Wahrung erforderlich. Auch wird ein soziales System häufig deshalb daran gehindert, die dysfunktionalen Folgen einer allzu leichtfertigen Geheimhaltung anzuerkennen, weil ein Teil dieser Folgen an die Umwelt der personalen Systeme der Mitglieder verlagert und ihnen zur Bewältigung überlassen wird.[165] Doch kann diese Problemverlagerung von sozialen Systemen nicht unbegrenzt durchgeführt werden; denn eine Komplexitätsüberlastung der personalen Systeme könnte deren Instabilisierung bewirken, die dann wieder als Störung auf das soziale System rückzuwirken vermag, sei es in der Form von Unzufriedenheit, Nervosität, Diffamierung des Systems in der Umwelt, oder sei es als Aufkündigung der Mitgliedschaft, so daß die Geheimniswahrung und damit schließlich die Sicherheit des Systems gefährdet werden.

Die Differenzierung bzw. Differenzierungsverstärkung, die eine Geheimhaltung innerhalb von Teilsystemen formaler Organisationen bewirkt, wird zwar weithin durch eine relative Indifferenz der Subsysteme untereinander und durch die Gewährung der Autonomie von Teilsystemen durch das Gesamtsystem begünstigt oder zumindest toleriert – solange diese ihren spezifischen funktionalen Beitrag für das Gesamtsystem angemessen erbringen –, dennoch kann sich der für die Koordinierung in Teilsystemen erforderliche Kommunikationsaufwand, der durch zunehmende Innendifferenzierung ohnehin schon schwieriger und anforderungsreicher wird[166], durch eine verstärkte Geheimhaltung von Subsystemen zusätzlich erhöhen.[167] Wenn eine solche Tendenz der internen Segregation von Teilsystemen nicht eingeschränkt oder systemintern anderweitig kompensiert werden kann, besteht die Gefahr, daß sich auch die gesamte Organisation intern mit einer – ausschließlich für die Stabilisierung der

Subsysteme funktionalen – Komplexität überlädt, ohne daß sie diese insgesamt selbst noch bewältigen und reduzieren könnte.

Unabhängig davon, ob eine nicht reflexive Geheimhaltung Teil der formalen Erwartungsstruktur ist oder nicht, ruft sie vor allem als Geheimhaltung zentraler Entscheidungsinstanzen auf seiten der Nichteingeweihten häufig eine allgemeine Unsicherheit der Erwartungen hervor, die proportional mit der Ausweitung bzw. Forcierung der Geheimhaltung anzuwachsen vermag. Während der generelle Informationsmangel, der vor allem in komplexeren Organisationen in der Regel herrscht, zumeist durch Vertrauen überbrückt und eine mögliche Unsicherheit so absorbiert bzw. negiert werden kann, konfrontiert ein Geheimnis die Nichteingeweihten mit einer für sie unreduzierbaren Komplexität möglicher Geheimnisinhalte. Ein Geheimnis, an dem man nicht teilhat, stellt insofern einen deutlichen Unsicherheitsfaktor dar, als das Wissen um absichtlich vorenthaltende Informationen die Information impliziert, daß die Geheimhaltung und/oder der Geheimnisinhalt für das nicht eingeweihte System von Relevanz sein könnten bzw. von faktischer Relevanz sind. Derartige Verunsicherungen können über Vertrauen nicht mehr adäquat bewältig werden; sie verlangen nach funktional äquivalenten Reduktionsmechanismen.

Mißtrauen und Gerücht als alternative Redutionsmechanismen bzw. als Kommunikationsmodus sind als Ersatzsicherheiten für derartige Verunsicherungen besonders geeignet. Die Vorenthaltung fremder Geheimnisse wie ihr Inhalt, die innerhalb einer Organisation gemeinsamer Mitgliedschaft als für das eigene Handeln relevant betrachtet werden, kann in bezug auf das Vertrauen als Mechanismus der Reduktion von Komplexität und Unsicherheit einen Schwellenwert[167a] darstellen, angesichts dessen das Vertrauen nicht nur in sein Gegenteil umschlägt, sondern vielmehr durch die funktional äquivalente Einstellung des Mißtrauens als Strategie künftigen Verhaltens[168] substituiert wird. Die Funktion eines solchen Schwellenwertes für die Subsitution von Vertrauen durch Mißtrauen kommt der Geheimhaltung nicht erst durch deren Forcierung und unmerkliche Ausweitung zu; die Geheimhaltung hat diese Funktion insofern generell inne, als ihr bereits in der Negation der Mitteilbarkeit von Informationen eine Negation des Vertrauens gegenüber den Ausgeschlossenen zugrundeliegt, Geheimhaltung also letztlich Mißtrauen gegenüber den Nichteinzuweihenden impliziert, das seinerseits geeignet erscheint, auch extern Mißtrauen hervorzurufen. Das Ausmaß und die Forcierung der Geheimhaltung können allenfalls die Reichweite der Generalisierung des Mißtrauens verlagern.

Weil sich eine Mißtrauenseinstellung im Verhalten nur schwer verbergen läßt, vermag schließlich auch das reaktive Mißtrauen auf seiten der von dem Geheimnis Ausgeschlossenen das der Geheimhaltung zugrundeliegende Mißtrauen zu verstärken. Insofern, als sich die Ausgeschlossenen dadurch in ihrem Mißtrauen im Sinne eines umgekehrten feed-back-Prinzips wiederum bestätigt finden mögen[169], scheint dem Mißtrauen generell – und in diesem Falle induziert durch Geheimhaltung – eine doppelte Tendenz der Expansion inhärent zu sein. Als dysfunktionale Folge einer übertriebenen formalen Geheimhaltung in Organisationen kann ein derartiges Mißtrauen sowohl die Ausgeschlossenen wie auch die Eingeweihten zu erneuter – formaler wie vor allem informaler – Geheimhaltung veranlassen. Weil das Vertrauen in den Kommunikationspartner und dessen Verarbeitung der eigenen Mitteilungen fehlt, wird die

Kommunikation auf ein gerade noch zulässiges Minimum des Informationsaustausches beschränkt, und Mitteilungen, deren Informationsgehalt für die Lösung von Systemproblemen durchaus funktional ist, werden zurückgehalten. Der in komplexen Organisationen häufige Informationsmangel steigt so zunehmend und kann zu nicht unerheblichen Belastungen führen. Das dem Mißtrauen als negative Strategie eigene emotional gespannte Naturell[170] kann zusätzlich dazu führen, daß die durch die Formalisierung der Erwartungsstruktur expressiv neutralisierten Kommunikationen und Kommunikationsabläufe expressiv aufgeladen werden. Da jedoch derartige emotionale Verhaltensvariablen formal kaum oder nur beschränkt darstellungsfähig sind und nicht in den Rahmen der formal allein konsensfähigen institutionalisierten Konflikte passen, ist auf Dauer nicht auszuschließen, daß eine durch zunehmendes Mißtrauen aufgestaute negative Emotionalität sich schließlich auf dem Wege der Konfliktverlagerung Ausdruck zu verleihen sucht. Konsensfähige Konflikte und konfliktfähige Themen müssen dafür herhalten, die latenten Konflikte zu verarbeiten. Abgesehen davon, daß dies nicht immer und umfassend gelingen wird, und die latenten emotionalen Konflikte als Schwelbrände weiterbestehen können, die durch die geringfügigsten Anlässe erneut entfacht werden können, hat die Verarbeitung der so manifestierten Konflikte einen weiteren Kommunikationsaufwand zur Folge und kann eine zusätzliche Inanspruchnahme und Verknappung des ohnehin knappen Konsenses bzw. der begrenzt zur Verfügung stehenden Zeit bedeuten.

Die dysfunktionalen, durch die Geheimhaltung und das durch sie induzierte Mißtrauen hervorgerufenen Folgeprobleme für die interne Kommunikation können somit doppelter Art sein: zum einen wird der im System erforderliche Informationsaustausch durch reaktive Geheimhaltung reduziert, zum anderen kann sich der für die Verarbeitung der Systemprobleme erforderliche Kommunikationsaufwand erheblich steigern. – Zwar lassen sich durch eine Verringerung des Formalisierungsgrades und des Umfangs der internen Geheimhaltung diese internen dysfunktionalen Folgen reduzieren, doch werden sie kaum vollständig dadurch zu umgehen sein, daß auf die interne Geheimhaltung von Informationen generell verzichtet würde; das könnte zu erneuten Interessenkollisionen führen. Es erscheint vielmehr sinnvoll, die Entstehung und Ausweitung von Mißtrauen und dessen dysfunktionale Folgen durch entsprechende Auslegungen einzugrenzen, „welche die Durchführung von mißtrauischen *Handlungen* ermöglichen, aber das Mißtrauen als *Einstellung* wegfingieren".[171]

Die durch vorenthaltene oder auch unglaubwürdig erscheinende Informationen hervorgerufene Unsicherheit kann alternierend zum Mißtrauen auch durch Gerüchte als Substitute fehlender Sicherheit zu bewältigen versucht werden. Als Ersatzsicherheit ist der Informationsgehalt des Gerüchtes dem in seiner Mitteilung negierten Inhalt des Geheimnisses für den Nichteingeweihten funktional äquivalent. Unter dem Kommunikationsmodus des Gerüchtes[172] werden von den Nichteingeweihten bestimmte Informationen als vermeintlicher Inhalt des fremden Geheimnisses kommuniziert, ohne daß die faktische Identität der Information überprüft würde bzw. überhaupt überprüfbar wäre. Das mangelnde Wissen um die Identität der Informationen wird durch ein Vertrauen in eben diese Identität ersetzt; an die Stelle des Mißtrauens, denen sich die Ausgeschlossenen auf seiten der Geheimhaltenden ausgesetzt sehen, tritt ein Vertrauen in jene, die sich auch sonst als vertrauenswürdig erwiesen haben und deren Mitteilungen, die sie als Inhalt des fremden Geheimnisses ausgeben[173]. Während die Unsicherheit, die aus der Vorenthaltung geheimer Informationen resultiert, sich als solche manifestiert, bleibt im Falle des Gerüchtes jener Unsicherheitsfaktor weitgehend latent, der aus der Frage nach der Identität der Inhalte von Gerücht und Geheimnis resultiert. Je mehr bei wiederholter Kommunikation des Inhaltes von Gerüchten deren Kommunikationsmodus in den Hintergrund tritt und sich gleichsam verflüchtigt, umso wirksamer wird der Kontingenzcharakter des Informationsgehaltes des Gerüchts für das Handeln negiert; die Möglichkeit divergierender Informationsgehalte von Gerücht und Geheimnis entschwindet aus dem Sinnkontext des Handelns.[174] Unabhängig von ihrer Funktion der Ersatzsicherheit können Gerüchte je nach ihrem Informationsgehalt und dessen Glaubwürdigkeit die Gemüter beruhigen oder aber Unruhe und Dissens hervorrufen, die zu informalen Gegenstrategien veranlassen können. Durch ein Gerücht können – als dysfunktionale Folge der Geheimhaltung – sich recht weitreichende informale Handlungsketten[175] innerhalb einer Organisation entwickeln, deren Unsinnigkeit und Inadäquatheit in bezug auf den vermuteten Geheimnisinhalt entweder nicht erkannt wird oder aber sich erst bei einer späteren Preisgabe des Geheimnisses erweist. Ferner ist es nicht ausgeschlossen, daß ein mit Vehemenz und Kontinuität kursierendes Gerücht schließlich die Geheimhaltenden zur Offenbarung einer reflexiven Geheimhaltung oder zur Preisgabe eines Geheimnisinhaltes zwingt, weil sich spezielle Verdachtsmomente, allgemeines Mißtrauen oder konkrete Anschuldigungen anderweitig nicht ausräumen lassen.

Eine hypertrophe Geheimhaltung in Organisationen kann ferner zur Folge haben, daß der durch sie hervorgerufene Informationsmangel die arbeitsteilige Entlastung einer internen Differenzierung zumindest teilweise wieder rückgängig macht. Vorwiegend in hochkomplexen Organisationen, wie etwa der amerikanischen Militärverwaltung, ist es durchaus keine Seltenheit, daß beispielsweise wissenschaftliche Forschungen und technische Innovationen unter parallelen oder sich überschneidenden Fragestellungen und Zielsetzungen in Auftrag gegeben und durchgeführt werden, ohne daß die damit befaßten Wissenschaftler und Techniker voneinander wissen oder miteinander in Kommunikation treten könnten. In weniger krasser Form kann eine entsprechende Geheimhaltung in einfacheren Organisationen gleichfalls dazu führen, daß unbemerkter Doppelaufwand getrieben wird, zur selben Zeit Planungen von konkurrierenden Stellen durchgeführt werden, ohne daß die Möglichkeit einer Kooperation überhaupt in Betracht gezogen werden könnte, und daß Entwicklungen initiiert werden, deren Ergebnis innerhalb der Organisation bereits vorhanden, jedoch nicht bekannt oder nicht verfügbar ist[176]. Insofern, als durch die Geheimhaltung dem übrigen System nicht nur ganz konkrete Möglichkeiten vorenthalten werden, sondern darüber hinaus durch die Geheimhaltung von Sinn zugleich auch jene Möglichkeiten sich einer anderweitigen systeminternen sinnhaften Aktualisierung entziehen, auf die der ihnen zugrundeliegende Sinn verweist, können durch die Geheimhaltung auch entferntere Problemlösungen verhindert oder verzögert werden; die Bedingungen für Kreativität sowie für Rationalitätssteigerungen gegenüber dem status quo können sich dadurch gleichfalls erheblich verschlechtern.

Der durch Geheimhaltung bedingte Informationsmangel in komplexen Sozialsystemen kann nicht nur in bezug auf die internen Kommunikationen, sondern auch für den Informationsaustausch mit Umweltsystemen dysfunktionale Folgen zeitigen. Eine zu starke Forcierung der Geheimhaltungsformalisierung in Außenkontakten würde dazu beitragen können, den Informationsinput, den ein System von seiner Umwelt erhält, auf formale Kommunikationen zu beschränken. Wenn auch die Funktion der Formalisierung in bezug auf den Informationsinput in Organisationen vorrangig in der Entlastung zu sehen ist, die eine Formalisierung gegenüber unliebsamen, störenden oder irrelevanten Informationen oder Erwartungen von außen bietet, so kann doch der Außenkontakt des Systems nicht auf formale Kommunikationen beschränkt bleiben. Inhaber entsprechender Grenzstellen[177] werden in entsprechend vertraulichen Situationen und Kontakten zweckmäßigerweise nicht nur ihre Kommunikationspartner an den informalen Kommunikationen der Organisation und deren Inhalten teilhaben lassen, sondern auch die formalen Geheimnisse faktisch weniger streng handhaben als es die formale Erwartungsstruktur fordert; denn nur so kann die Mitteilung eben solcher Informationen von den Partnern der Zwischensystemkommunikation erwartet werden, auf die das eigene System bei der Lösung seiner Probleme nicht verzichten kann. Eine Organisation, die warten würde, bis beispielsweise die Pläne einer für sie relevanten Gesetzesänderung in der Presse erscheinen oder sie auf dem formalen Kommunikationswege erreichen, müßte auf eine Einflußnahme auf deren konkrete Gestaltung vermutlich verzichten. Ebenso ließe das Warten auf die formale Mitteilung relevanter Ereignisse oder Störungen eines konkurrierenden Systems kaum noch eine andere Reaktionsmöglichkeit als die der Adaptation zu.

Ungeachtet der systeminternen Komplexitätsanforderungen und der nur begrenzten Sicherung, die die Geheimhaltung sozialen Systemen zu gewähren vermag, besteht weithin eine hohe Neigung zur Anwendung dieses Instrumentes als vermeintlichem Schutz gegenüber der Umwelt, die deutliche Züge einer Fetischisierung des Geheimnisses aufweist. Häufig genug werden die Geheimhaltungsfolgen ignoriert. Das Geheimnis wird als Mittel generalisierter Unsicherheitsabsorption verwendet, ohne daß das dabei gleichzeitig übernommene Risiko kalkuliert würde. Über die Verwendung des Geheimnisses als eines an sich nützlichen Instrumentariums bei der Entscheidung angesichts umweltbedingter Unsicherheiten oder Risiken wird selbst wieder in der Form einer Entscheidung unter Unsicherheit entschieden. Der Verstärkungseffekt einer derartigen Reflexivität bleibt hinsichtlich seiner möglichen negativen Folgen jedoch unberücksichtigt. Vielmehr scheint allein die Tatsache der Geheimhaltung von Informationen auf jene, die sich für sie entscheiden und auch diejenigen, die für ihre Wahrung und Durchführung zu sorgen haben, häufig einen hypnotischen Effekt zu haben. Derart drastische Reduktion von Umweltbedrohungen haben bisweilen eine Affinität zu magischen Praktiken. Ähnlich wie die Magie die Funktion des Schutzes und der Bewältigung anders nicht erklärbarer Kausalitäten hat und geradezu den Versuch einer kausalen Einwirkung auf ansonsten unreduzierbare Möglichkeiten bedeutet, wird oftmals auf die Wirksamkeit von Geheimhaltung vertraut: man übersieht nicht mehr, vor wem man sich schützen muß, weiß jedoch aus Erfahrung, daß man sich schützen muß, weiß jedoch aus Erfahrung, daß man sich schützen muß und hält daher interne Informationen so weit als eben möglich geheim[178]. Beispiele für eine derartig irrationale Hypertrophie sind die Geheimhaltung allgemein zugänglicher wissenschaftlicher Daten, wie etwa die exakte Entfernung zum Mond in einzelnen amerikanischen Militärbehörden oder – gleichfalls dort – die Verheimlichung des Margarinekonsums einer militärischen Einheit mit der Begründung, daß aus dieser Information die personelle Stärke der Einheit zu ersehen sei – obgleich diese Daten von anderen Stellen laufend veröffentlicht werden. Dysfunktionale Folgen einer solchen Fetischisierung der Geheimhaltung ergeben sich für die interne Kommunikation nicht nur dadurch, daß zentrale Informationen unverfügbar bleiben und sich ganze Berge geheimer Unterlagen aufhäufen, die selbst dann nicht zur Verfügung stehen, wenn ihre im Einzelfall vielleicht sinnvoll gewesene Geheimhaltung obsolet geworden ist, weil entsprechende Annullierungsinstanzen fehlen.

Die systeminterne Einsicht in die Sinnlosigkeit und Dysfunktionalität überzogener Geheimhaltungen kann gleichfalls zur Folge haben, daß der Normcharakter und damit zugleich auch der Verbindlichkeitsgrad formaler Geheimhaltungserwartungen für das faktische Verhalten der Mitglieder erheblich an Relevanz verliert[179] – es sei denn, daß dieser Tendenz von seiten der formalen Organisation durch verschärfte Kontrollen und Sanktionsmaßnahmen zu begegnen versucht wird. Schließlich kann sich eine irrationale Geheimhaltungshypertrophie auch für die Außendarstellung einer Organisation als nachteilig erweisen. Die Organisation kann dadurch in der Umwelt personaler wie sozialer Systeme ihre Glaubwürdigkeit einbüßen, das ihr bisher entgegengebrachte Vertrauen kann sich verringern oder auch mehr oder weniger umfassend und deutlich in die negative Strategie des Mißtrauens umkehren; nicht selten wird wohl auch eine solche Übertreibung von außen her als Symptom interner Unsicherheiten und der Verschleierung interner Konflikte gewertet.

Aus alledem wird ersichtlich, daß sich das Geheimnis und die Geheimhaltung keineswegs als generelle Strategien sozialer Systeme eignen und daß zur Geheimhaltung gegenüber der internen wie externen Umwelt vielmehr neben den erwarteten und bezweckten Folgen immer auch die sich für das geheimhaltende Teilsystem bzw. für das Gesamtsystem ergebenden Folgeprobleme und deren mögliche Dysfunktionalität mit in Betracht gezogen werden müssen. Der aus einer Geheimhaltung resultierende Gewinn muß meist mit Kosten erkauft werden. Grundlage für eine rationale Entscheidung zur Geheimhaltung müßte es deshalb sein, diese Kosten nicht außer acht zu lassen, sie vielmehr mit in Rechnung zu stellen. – Der Vorteil einer Geheimhaltung schlägt spätestens dann in sein Gegenteil um, wenn die intern dafür zu errichtende Komplexität jene Umweltkomplexität übersteigt, die durch diese Strategie gerade reduziert werden soll. Wertlos wird sie jedoch schon, sobald der Grenznutzen abnimmt, der durch die Geheimhaltung bzw. durch eine zusätzliche Geheimhaltung erzielt würde.[180]

V. Reflexive Geheimhaltung

1. Geheimhaltung von Geheimnissen

Das Geheimnis war oben[181] bestimmt worden als Kommunikationsmodus, durch den aktuelle oder potentielle Mitteilungen qualifiziert werden. Das besondere dieser Qualifizierung im Vergleich zu anderen Modalisierungen ergab sich darin, daß der Modus des Geheimnisses den Kommunikationspartnern die Information ermöglicht, daß ihnen im gemeinsamen Kommunikationskontext relevante, vom Geheimhaltenden aktualisierte Bewußtseinsinhalte absichtlich vorenthalten und in ihrer Möglichkeit der Information für sie negiert werden. Ferner wurde deutlich, daß der Strategie der Geheimhaltung eine Entscheidung über den Informationscharakter der Geheimhaltung zugrundeliegt und den jeweiligen Mitteilungen zeitlich vorgeordnet ist. In dieser Entscheidung wird darüber befunden, ob die Tatsache der Geheimhaltung als Mitteilung oder Nichtmitteilung qualifiziert werden soll. Unabhängig davon, wie diese Entscheidung im Einzelfall ausfällt, impliziert die Geheimhaltung auf seiten des Geheimhaltenden eine Reflexivität der Modalisierung. Während im Falle der einfachen Geheimhaltung das Geheimnis auf der reflexiven Ebene als mitteilbar bzw. als Mitteilung modalisiert wird und somit über die Negation von Mitteilungen informiert, wird im Falle der reflexiven Geheimhaltung eben diese Möglichkeit der Mitteilung einer Negation als solche negiert. Insofern die Negation auf sich selbst angewandt wird, impliziert die reflexive Geheimhaltung also eine Reflexivität der Negation.

Das Negieren beschränkt sich im Kontext der Geheimhaltung jedoch nicht auf die Möglichkeit der Mitteilung des Geheimnisinhaltes bzw. der Tatsache der Geheimhaltung. Ebenso wie der Negation bzw. der Negativität in Sinn konstituierendem Erleben ganz allgemein ein funktionaler Primat zukommt[182], hat auch die Negation für das Geheimnis und die Geheimhaltung einen weiterreichenden und zugleich zentralen Stellenwert.

Einfache und reflexive Geheimhaltung implizieren eine unterschiedliche Verteilung zu treffender Negationen zwischen den Kommunikationspartnern. Im Falle der einfachen Geheimhaltung werden durch die Mitteilung von Mitteilungsnegationen für den Adressaten seine bisherigen Negationen in variierendem Ausmaß fragwürdig. Bisher realisierte Möglichkeiten können sich als falsch erweisen, müssen revidiert oder aufgegeben werden, und Möglichkeiten, die bislang nicht in Betracht gezogen und hinsichtlich ihrer Möglichkeit negiert wurden, lassen sich plötzlich als Möglichkeiten nicht mehr ausschließen: die Negation ihrer aktuellen Potentialitäten muß selbst wieder negiert werden. Je stärker die Mitteilungserwartung des Ausgeschlossenen durch die Geheimhaltung enttäuscht wird, umso eher steigern sich für ihn der Umfang und das Ausmaß der Reflexivität seiner Negationen. Während der Geheimhaltende durch die Negation seiner Mitteilung dem anderen nur wenige Möglichkeiten – im Extremfall nur eine einzige – vorenthält, sieht sich der Ausgeschlossene gezwungen, eine Vielzahl potentieller Möglichkeiten zu aktualisieren.

Im Falle reflexiver Geheimhaltung liegt auf seiten des Geheimhaltenden die Erwartung zugrunde, die Negationen des anderen zumindest insoweit nicht fragwürdig erscheinen zu lassen, als sie die Tatsache und den Inhalt der Geheimhaltung tangieren. Dadurch, daß die in der Geheimhaltung enthaltene Negation der Mitteilung auf der reflexiven Modalisierungsebene in der Möglichkeit ihres Erlebens für andere negiert wird, soll dem anderen die Negation seiner aktuellen Negationen erspart bleiben. Im Vergleich zur einfachen Geheimhaltung wird die Reproblematisierung der aktuellen Negationen durch eine Verlagerung der Reflexivitätsleistung vom Empfänger auf den Sender verhindert. Die reflexive Negation des Geheimhaltenden kann jedoch nur dann erfolgreich sein, wenn die Negationen aktueller Potentialitäten des anderen nicht anderweitig durch sein aktuelles Erleben oder die Vergegenwärtigung früheren Erlebens als Erfahrung reproblematisiert und korrigiert werden. Objekt eines solchen, die aktuellen Negationen in Frage stellenden Erlebens kann dabei sowohl das Handeln des Geheimhaltenden oder seine dem Handeln inadäquate Gestik und Mimik als auch das Handeln Dritter oder die der aktuellen Wahrnehmung bzw. der Erinnerung zugängliche Umwelt sein. Eine solche Reproblematisierung aktueller Negationen durch das Erleben derer, die von dem Geheimnis ausgeschlossen werden sollen, stellt für den Geheimhaltenden deshalb ein permanentes Risiko dar, weil die Negation auf der reflexiven Modalisierungsebene die vom Geheimhaltenden aktualisierten Möglichkeiten nicht definitiv zu eliminieren vermag; sie bleiben als Möglichkeiten der Welt und damit zugleich als Möglichkeiten bestehen, die dem sinnhaften Zugriff anderer und damit der Aktualisierung als Information zugänglich und verfügbar bleiben. Abgesehen vielleicht von rein kognitiven Vorgängen, die auf das personale System des Geheimhaltenden beschränkt bleiben und sich der sozialen Wahrnehmbarkeit entziehen, läßt sich dieses Risiko nicht ausräumen sondern allenfalls verringern. Vor allem dann, wenn es sich um ein Verbrechen oder eine Straftat handelt, deren Verantwortung sich jemand durch Geheimhaltung zu entziehen sucht, kann sich das Risiko der Geheimhaltung erheblich dadurch erhöhen, daß etwa von anderer Seite Recherchen angestellt werden, die jene Negationen aktueller Potentialitäten, wie sie dem alltäglichen Erleben zugrundeliegen, systematisch negieren. Selbst wenn es für die Tat keine Zeugen gibt – was mit Sicherheit anzunehmen nur in den aller seltensten Fällen möglich sein dürfte –, kann ein Täter kaum die Möglichkeit ausschließen, daß er aufgrund eigener Unvorsichtigkeiten und Fehler oder sonstiger Indizien der Tat verdächtigt oder ihr gar überführt wird. – Dadurch, daß die Negation der Mitteilung – in ihrer einfachen wie in ihrer reflexiven Form – nicht identisch ist mit der Eliminierung der nichtmitgeteilten Möglichkeiten, bleibt jede Geheimhaltung letztlich ein hypothetisches Unterfangen.

Die Möglichkeit reflexiver Geheimhaltung basiert zu einem wesentlichen Teil auf der Tatsache der Selektivität und der nicht notwendigen Kongruenz bzw. Identität menschlichen Erlebens. Insofern, als das Erleben individueller Sinngebung und Selektivität unterliegt, ist es nicht identisch. Seine Identität muß vielmehr sozial erst hergestellt werden durch Mechanismen sinnhafter Identifikation bzw. durch Organisation[183]. Die Wahrscheinlichkeit, daß zwei Partner ihre momentanen sinnhaften Aktualisierungen sowie ihre gleichzeitigen Inaktualisierungen von Potentialitäten identisch vollziehen, ist – zumindest in einfachen Systemen – sehr gering. Die Chance erfolgreicher, reflexiver Geheimhaltung, d. h. die Vermeidung der Notwendigkeit, daß sich der Ausgeschlossene seinen bisherigen Negationen zuwendet, steigt in dem Maße, wie die Inkongruenz sinnhafter Aktualisierungen des Partners mit den eigenen Aktualisierungen von Möglichkeiten zunimmt bzw. für den Geheimhaltenden als solche erwartbar ist. Am Beispiel reflexiver Geheimhaltung wird besonders deutlich, daß die Nichtidentität des Erlebens nicht notwendig als Mangel bewußt werden muß. Zumindest für den Geheimhaltenden bedeutet diese Nichtidentität eine Chance, die er sich zunutze machen kann.

Das Risiko inkongruenter Aktualisierung von Potentialitäten und von möglichem Sinn wird in einfachen Systemen und Organisationen unterschiedlich verringert und verarbeitet. In einfachen Sozialsystemen wird es – abgesehen von elementaren Mechanismen der Vergewisserung wie der expliziten Nachfrage oder der ausdrücklichen Versicherung identischen Sinnes – vorwiegend über Vertrauen in seiner personalen Form bewältigt und als Unsicherheitsfaktor eliminiert[184].

Komplexe Systeme hingegen – beispielsweise Organisationen – sind von unvorhergesehenen Aktualisierungen ihrer Mitglieder bzw. der Abnehmer ihrer Entscheidungen dadurch entlastet, daß der den Kommunikationen zugrundeliegende Sinn etwa durch die Formalisierung der Erwartungsstruktur unverrückbar feststeht und der Beliebigkeit und Kontingenz des Erlebens der Handlungspartner entzogen ist. Die erforderliche Kongruenz der Aktualisierungen kann darüber hinaus bestimmten Kontrollen unterworfen werden. Gegenüber etwa noch verbleibenden Inkongruenzen können eigene Formen und Mechanismen der Indifferenz ausgebildet werden. Als Systemvertrauen verlagert sich das Vertrauen zunehmend von Personen auf Mechanismen des Systems, die eine Negation systeminterner Aktualisierungsinkongruenzen zu rechtfertigen scheinen.

Insofern, als der mit dem Geheimnis Konfrontierte den Kommunikationsmodus der Mitteilung des anderen kongruent als Geheimnis zu qualifizieren vermag, hat die einfache Geheimhaltung die Funktion einer doppelten Modalisierung. Diese Möglichkeit kongruenter Qualifizierung einer Mitteilung als Geheimnis wird dem Empfänger im Falle der reflexiven Geheimhaltung jedoch genommen. Vom Sender reflexiv als Geheimnis qualifizierte Mitteilungen entziehen sich auf seiten des Empfängers der Möglichkeit ihrer Qualifizierung als Geheimnis. Während die kongruente Qualifizierung – im Falle der einfachen Geheimhaltung – die Möglichkeit impliziert, die Kommunikation als Ganze zu modifizieren, unterliegen bei reflexiver Geheimhaltung ausschließlich die Mitteilungen des Geheimhaltenden einer entsprechenden Modifikationsmöglichkeit. Die Inkongruenz der Modalisierungen läßt es wahrscheinlich werden, daß der Empfänger zumindest einigen der Mitteilungen des Senders einen anderen Sinn zugrundelegt, als dieser, ohne diese Inkongruenzen als solche wahrzunehmen. Dadurch läßt sich der Sinn, der auf seiten des Geheimhaltenden mit einem Ereignis bzw. allgemein mit bestimmten Möglichkeiten verknüpft wird, leichter verheimlichen als in der einfachen Geheimhaltung.

Der Ausschluß der Möglichkeiten einer kongruenten Qualifizierung von Mitteilungen als Geheimnis durch die Reflexivität der Geheimhaltung reduziert weitgehend die Möglichkeit reaktiven Mißtrauens und reaktiver Geheimhaltung auf seiten des Ausgeschlossenen. Gelingt die reflexive Geheimhaltung erfolgreich, d. h. aktualisiert der andere überhaupt nicht die Möglichkeit, daß ihm etwas verheimlicht wird, so läßt sich das Risiko unerwarteter Reaktionen des anderen weithin ausschließen. Somit vermag die reflexive Geheimhaltung auch von dem Handlungszwang zu befreien, in den die durch das Bekanntwerden der Geheimhaltung hervorgerufenen Enttäuschungen und die daraus resultierenden Enttäuschungsreaktionen den Sender versetzen können.

Als adäquate Strategie der Verheimlichung zeigt sich die reflexive Geheimhaltung stets dann, wenn für den Geheimhaltenden erwartbar ist, daß die aus einer einfachen Geheimhaltung beim Empfänger resultierende Aktualisierung von Potentialitäten und die Hinwendung auf seine bisherigen Negationen sowie die daraus wiederum resultierenden Folgeprobleme das eigene aktuelle Handlungspotential des Geheimhaltenden übersteigen und überfordern, eigenen Erwartungen widersprechen würden[185] oder aber die Befürchtung nahelegen, daß allein die Zuwendung des anderen auf dessen momentan nicht aktualisierte Potentialitäten die weitere Geheimhaltung fragwürdig erscheinen lassen könnte, weil deren Inhalt aufgrund mangelnder Kontingenz sich zu sehr als evident erweisen würde.

Die Aktualisierung der Möglichkeit, daß der andere von ihm selbst aktualisierte Möglichkeiten bewußt vorenthält, bleibt dem Ausgeschlossenen bei reflexiver Geheimhaltung vor allem deshalb verwehrt, weil die Modalisierung auf der reflexiven Ebene vom Geheimhaltenden in der Regel nicht erst in der Situation der gemeinsamen aktuellen Gegenwart getroffen wird, sondern sowohl im Hinblick auf die zugrundeliegende einfache Geheimhaltung als auch in bezug auf bestimmte personale und/oder soziale Systeme bzw. Situationen proleptisch vollzogen wird. Indem der Geheimhaltende so bereits im vorhinein die sinnhaften Aktualisierungen des anderen mitzuerwarten sucht, kann er in der Situation unliebsame Überraschungen vermeiden und sich trotz reflexiver Geheimhaltung der Situation adäquat zu verhalten suchen.

2. Voraussetzungen und Möglichkeiten reflexiver Geheimhaltung

Damit dem aus dem Geheimnis Ausgeschlossenen die Inkongruenz seiner Modalisierung der Mitteilungen des Geheimhaltenden zu dessen eigener (reflexiver) Modalisierung nicht bewußt und als solche aktualisiert wird, muß auch das *Verhalten* des Geheimhaltenden in der gemeinsamen Situation im vorhinein entsprechend ausgerichtet werden. Dafür aber reicht eine bloße Erwartung des Verhaltens des anderen nicht aus. Um eigenen Enttäuschungen zu entgehen, muß der Geheimhaltende vielmehr die Erwartungen des anderen wie auch dessen reflexive Erwartungen, d. h. dessen Erwartungen von seiner, des Geheimhaltenden, Erwartungen, einbeziehen. Wer reflexiv geheimhalten will, muß sein Verhalten an einer doppelstufigen Reflexivität der Erwartungsstruktur orientieren[186]. Anders läßt sich die Vielzahl der Handlungsmöglichkeiten des Kommunikationspartners und deren gleichzeitige Kontingenz nicht bewältigen. Während im Falle einfacher Geheimhaltung auf die Berücksichtigung sowohl der Erwartungen des Empfängers wie auch seiner Erwartungserwartungen weitgehend verzichtet werden kann, müssen bei reflexiver Geheimhaltung nicht nur die Erwartungen des anderen erwartet werden können, sondern auch dessen Erwartungserwartungen. Die Reflexivität der Erwartungen muß notwendig doppelstufig werden, da bereits eine kommunikative Thematisierung und Vergewisserung der Erwartungen des anderen das Risiko implizieren würde, sich in der reflexiven Geheimhaltungsabsicht zu verraten. Im Vergleich zur Antizipation fremden Verhaltens erlaubt die Antizipation fremder Erwartungen eine bessere Orientierung des eigenen Verhaltens; sie erspart Kommunikationen der Sinn- und Konsensversicherung und damit zugleich die Manifestation von Meinungs- und Handlungsdivergenzen. Über diese proleptische Verhaltensorientierung hinaus ist es jedoch erforderlich, daß der Geheimhaltende sich seinen reflexiven wie seinen doppelt reflexiven Erwartungen gegenüber kognitiv verhält, um so gleichsam die Feinabstimmung für sein Verhalten zu erreichen, deren er für eine erfolgreiche Geheimhaltung bedarf; nur so wird es möglich sein, die eigene Erwartung der Geheimniswahrung normativ durchzuhalten und angesichts unerwarteten fremden Verhaltens zu behaupten.

Während bei einfacher Geheimhaltung der Geheimhaltende davon ausgeht, daß seinem Partner über die Information der Nichtmitteilung hinaus auch die eigene Erwartung der Geheimhaltung durchaus zumutbar ist – sei es, daß dessen Enttäuschungen sich beispielsweise durch Erklärungen verringern lassen, sei es, daß sie für den Geheimhaltenden überhaupt irrelevant bleiben –, müssen die der reflexiven Geheimhaltung zugrundeliegenden Erwartungen dem Partner gegenüber verborgen bleiben; und zwar sowohl die Erwartung reflexiver Geheimhaltung selbst als auch die Unterstellung unerwünschter Reaktionen des Partners, die sich gerade durch die Unterstellung der Notwendigkeit ihrer Überprüfung entziehen. Wer reflexiv geheimhalten will, muß seine entsprechenden Erwartungen der Erwartbarkeit seiner Partner zu entziehen suchen. Er muß eine Identität seiner Erwartungen mit der reflexiven Erwartungshaltung des Partners derart verhindern, daß ihm diese Verhinderung nicht als Handeln, d. h. als bewußte und damit sinnhafte Aktivität zugerechnet werden kann. Dafür muß der Geheimhaltende jedoch nicht nur seine Erwartungen den digitalen Kommunikationen entziehen, sondern auch sein analoges Material entsprechend kontrollieren und selektieren – was oftmals weitaus schwieriger sein dürfte. Die Gefahr, durch unkontrollierte analoge Mitteilungen dem anderen – womöglich noch ohne es selber wahrzunehmen – Informationen über die eigenen Erwartungen zu ermöglichen, bleibt vor allem bei den 'face-to-face-relations' einfacher Systeme und deren kommunikativer Dominanz reziproker Wahrnehmung ein permanentes Risiko.

Doch reicht auch die bloße Negation der Möglichkeit informativer Aktualisierung der Erwartungen des Geheimhaltenden seitens seines Partners für eine erfolgreiche Geheimhaltung letztlich nicht aus. Vielmehr müssen die zu verbergenden Erwartungen *aktiv* durch andere vorgetäuschte Erwartungen substituiert werden, um einer *reaktiven*

Substitution zu entgehen, die den Geheimhaltenden unnötig unter Handlungszwang stellen würde. Ebenso, wie man in einer gemeinsamen Situation nicht *nicht* kommunizieren kann, ist es auch unmöglich, keine Erwartungen zu haben, so daß, wer reflexiv geheimhalten will, seinen Partnern eigene Erwartungen vortäuschen muß, die sich zweckmäßigerweise deren Erwartungserwartungen weitgehend annähern.

In dem Moment jedoch, wo sich der Geheimhaltende konkreten Erwartungen auf seiten seiner Partner gegenübergestellt sieht, er etwa auf einen bestimmten Sachverhalt oder ein erwartetes Ereignis ganz gezielt angesprochen wird, wird eine solche, der reflexiven Geheimhaltung dienende Vortäuschung kommunikativer Offenheit und Aufrichtigkeit zunehmend problematisch. Um sie weiterhin aufrecht zu erhalten, werden zusätzlich strategische Maßnahmen erforderlich.

Eine solche Möglichkeit besteht dann darin, durch explizite digitale Mitteilungen dem anderen entsprechend dessen einfachen und reflexiven Erwartungen einen Sachverhalt lediglich vorzutäuschen und den Partner zu belügen[187]. Weitere Möglichkeiten bestehen darin, eine Frage bewußt, aber dennoch nicht nachweisbar zu überhören oder etwa den Fragenden geschickt abzulenken und der Antwort durch andere Sinnaktualisierungen auszuweichen und sich ihrer momentanen Relevanz zu entledigen. Manchmal kann auch eine, in ihrer Absichtlichkeit wiederum nicht nachweisbare Mehrdeutigkeit der Antwort erfolgreich sein. Während normalerweise ein Handeln in seiner Sinnhaftigkeit nicht mehr kontingent ist, wenn es als solches abgelaufen ist und somit der Vergangenheit angehört, kann eine mehrdeutige verbale Mitteilung auch über die Gegenwart hinaus für andere Sinngebungen offen bleiben[188]. Da eine nicht eindeutige Antwort jedoch auch in ihrer Absicht als Ausweichmanöver durchschaut werden und so gerade eine zu verheimlichende Geheimhaltung verraten kann, erweist sie sich in diesem Zusammenhang in der Regel wohl nur dann als erfolgreiche Strategie, wenn für den Geheimhaltenden erwartbar ist, daß anderer, gleichfalls möglicher Sinn gar nicht erst aktualisiert wird, bzw. wenn dieser aufgrund des gemeinsamen Sinnkontextes negiert wird, indem die Aussage normalisiert, d. h. auf vorgefaßten Sinn hin weginterpretiert wird[189] und damit einen Teil ihres möglichen Informationsgehaltes verliert. Für den Fall, daß von dem Ausgeschlossenen dennoch ein anderer als vom Geheimhaltenden erwarteter Sinn seiner Aussage aktualisiert wird, kann der Geheimhaltende oftmals vor bohrenden Nachfragen und Sinnvergewisserungen sicher sein, weil er die darin enthaltene Vermutung oder Unterstellung entweder mit Entrüstung bzw. als unsinnig von sich weisen kann, oder aber der Partner gar fürchten müßte, seine Darstellung schon dadurch zu diskreditieren, daß er zu erkennen gäbe, diese Möglichkeit überhaupt als real in Erwägung gezogen zu haben.

Gleichermaßen wichtig bei all diesen Zusatzstrategien ist jedoch, daß die ihnen auf seiten des Geheimhaltenden zugrundeliegende, auf außerhalb des aktuellen Handlungssystems liegendem Sinn beruhende Selektivität von den Kommunikationspartnern nicht als Handlungsselektivität aktualisiert wird, die Selektion also nicht als Handeln verstanden, sondern als Erleben aufgefaßt wird, „und ihr ‚So-und-nicht-anders-Sein' daher der Welt und nicht dem selektierenden System zugerechnet wird".[190] Die Überzeugung, daß diese Zurechnung vom Sender identisch und somit beidseitig erfolgt, darf für den Empfänger nicht in Frage gestellt werden. Dazu kann es im Einzelfall beispielsweise erforderlich werden, die erfahrbare Wirklichkeit durch zusätzliche, gleichfalls zu verbergende Handlungen so umzugestalten, daß die Erwartungen des Partners, nicht betrogen oder belogen worden zu sein, nicht enttäuscht werden. Wer die Noten seiner Klassenarbeiten vor den Eltern verheimlichen will, der muß auch den geringsten Zufall auszuschließen suchen, daß ihnen die in Frage kommenden Hefte in die Hände fallen.

Was allgemein für Sozialordnungen mit zunehmender Differenzierung gilt, daß nämlich einfache Mechanismen für die adäquate Verarbeitung ihrer Probleme nicht mehr ausreichen, gilt auch für das Geheimnis und die Geheimhaltung. Die Komplexität dieser Sozialordnungen zwingt dazu, Mechanismen auf sich selbst anzuwenden, sie reflexiv werden zu lassen. „Reflexive Mechanismen erweitern das Komplexitätspotential der Sozialordnung und damit die Bestandsaussichten des sozialen Systems, in welchem sie institutionalisiert sind."[191] Die Notwendigkeit reflexiver Geheimhaltung ergibt sich aus der Tatsache, daß personale wie soziale Systeme einerseits nicht darauf verzichten können, interne Aktualisierungen einer ständigen und umfassenden Reproblematisierung durch die Umwelt zu entziehen, andererseits aber ebenso überfordert wären, wenn diese internen Strategien der Reproblematisierungsvermeidung als solche ständig und permanent der Reproblematisierung und dem Dissens von außen ausgesetzt wären. Die Reflexivität der Geheimhaltung bedeutet somit nicht nur eine Effektivitätspotenzierung der ihr zugrundeliegenden einfachen Geheimhaltung; sie potenziert vielmehr die internen Handlungsmöglichkeiten ganz erheblich.[192] Die Reflexivität der Geheimhaltung erlaubt den Vorteil einer einfachen Geheimhaltung zu nutzen, ohne einen Großteil der damit verbundenen Nachteile in Kauf nehmen zu müssen.

Eine solche Effektivitätspotenzierung reflexiver Geheimhaltung bringt eine Entlastung von mehrfachen Problemen mit sich, denen sich der Handelnde bei einfacher Geheimhaltung ausgesetzt sähe. Dadurch, daß sie gleichzeitig mit neuen Problemen konfrontiert, die wiederum sehr wohl eine Belastung bedeuten können, darf diese Entlastung jedoch nur als eine relative verstanden werden. Ob die reflexive Geheimhaltung auch faktisch eine wesentliche Entlastung für das handelnde System bedeutet und wie hoch diese eingeschätzt werden kann, hängt davon ab, ob die mit der Problemtransformation sich neu stellenden Probleme tatsächlich geringer sind und sich leichter bewältigen lassen. Zumindest für die hier bisher betrachteten Situationen wird die reflexive Geheimhaltung in der Regel eine Entlastung gegenüber der einfachen Geheimhaltung bedeuten. Es bleibt jedoch festzuhalten, daß eine solche Entlastung sich nicht notwendig allein aus dem reflexiven Gebrauch der Geheimhaltung ableiten läßt.

Indem die reflexive Geheimhaltung das geheimhaltende System von dem Dissens entlastet, den die einfache Geheimhaltung bei den Ausgeschlossenen zu induzieren vermag, und so auch den Enttäuschungsreaktionen wie dem Mißtrauen der Umwelt entgeht, befreit sich das System von Handlungszwängen und erleichtert sich gleichzeitig den Kontakt zu anderen Systemen. Die Last der Rechtfertigungen, Erklärungen und Vorwürfe, die die Information der Geheimhaltung mit sich bringen könnte, entfällt; auch auf besondere Darstellungsanforderungen kann verzichtet werden, und Peinlichkeiten lassen sich umgehen. Das Risiko, daß das zugrundeliegende Geheimnis aufgedeckt wird, verringert sich in gleichem Maße, wie sein Geheimnischarakter gar nicht erst bekannt wird. Die Entlastung von zusätzlichen Kommunikationen ermöglicht u. a. eine Zeitersparnis, die dem System bei der Bearbeitung und Lösung anderer Probleme wieder zugute kommen kann. Schließlich eröffnet auch die Auflösung einer reflexiven Geheimhaltung neue Handlungsmöglichkeiten: entweder kann das Geheimnis partiell gelüftet werden, indem der Umwelt zunächst einmal – unabhängig vom tatsächlichen Geheimnisinhalt – die Information eines Geheimnisses ermöglicht wird, oder durch eine vollständige Auflösung der Geheimhaltung kann der Überraschungseffekt der nun verfügbaren Informationen erheblich erhöht werden, so daß die Umwelt sich dadurch gar zu Adaptationen gezwungen sieht. In beiden Fällen entlastet die reflexive Geheimhaltung zumindest teilweise von einer zusätzlichen Einflußnahme auf die Umwelt.

Von diesen Entlastungen kann das reflexiv geheimhaltende System jedoch nur dann profitieren, wenn es gleichzeitig entsprechende Vorkehrungen trifft, die als Einschränkungen anderer Handlungsmöglichkeiten und damit als Belastung zu Buche schlagen. So muß vor allem das Handeln des reflexiv Geheimhaltenden weitaus mehr Potentialitäten als möglich aktualisieren als das des nichteingeweihten Partners. Es ist stärker mit Komplexität belastet. Weil die Möglichkeit des Selbstverrates bzw. der Überführung der Geheimhaltung sich nicht mit Sicherheit ausschließen läßt, ist das Handeln risikoreicher. Weil ein entsprechender Fehler – im Vergleich zu sonstigem inadäquaten Verhalten – nicht korrigierbar ist, wenn er erst einmal unterlaufen ist, wird seine Vermeidung umso dringlicher und erfordert höchste Aufmerksamkeit. Insofern als das Handeln mehr Umsicht und Überlegung fordert, muß die eigene Darstellung notwendig doppelt reflexiv werden[193]. Sie muß in ungleich stärkerem Maße als in normalen, alltäglichen Handlungssituationen proleptisch als darzustellende Darstellung antizipiert werden und bedarf zusätzlich der begleitenden Selbstkontrolle im Handlungsablauf. Das handelnde System muß Formen der Selbstkontrolle und Selbststeuerung entwickeln, die im Falle des personalen Systems die Kontrolle des analogen Kommunikationsmaterials implizieren und dessen Kongruenz zu digitalen Mitteilungen sicherstellen – was nicht selten zusätzliches Lernen erforderlich werden läßt.

Die reflexive Geheimhaltung läßt hinsichtlich ihrer Reflexivität verschiedene Möglichkeiten der Anwendung zu. Bislang stand der reflexive Gebrauch in der Form reflexiver Modalisierungen *eigener* Mitteilungen im Vordergrund der Überlegungen. Darüber hinaus ist es denkbar, fremde Geheimnisse – unabhängig davon, ob man an ihrem Inhalt teilhat oder nicht – nicht nur in der eigenen kommunikativen Verwendung weiterhin geheimzuhalten, sondern sie auch als Geheimnis der informativen Aktualisierung durch andere vermittels der Reflexivität der eigenen Qualifizierung als Geheimnis zu entziehen. Man kann vor anderen ebenso verheimlichen, daß ein Partner Geheimnisse hat, wie sich die Tatsache vor dem aktuellen Kommunikationspartner verbergen läßt, daß einem in der Kommunikation mit anderen etwas verheimlicht wurde.

3. Verstellung und Lüge

Im Hinblick auf die aus dem Geheimnis Ausgeschlossenen impliziert bereits jede – auch die einfache – Geheimhaltung dadurch eine Täuschung, daß ihnen der sinnhafte Zugriff auf Selektionen des Geheimhaltenden sowie auf den diesen zugrundeliegenden Sinn verwehrt bleibt.[194] Im Gegensatz zur einfachen Geheimhaltung gibt der Geheimhaltende bei reflexiver Geheimhaltung die Täuschung nicht als seine Absicht zu erkennen; die Täuschung wird gleichfalls reflexiv.

Wer seinen Partner täuscht, legt seinem Handeln bewußt einen Sinn zugrunde, der der Situation und der üblicherweise an diese geknüpften Erwartungen widerspricht oder von ihnen abweicht. Wenngleich die Täuschung auch in der Mehrzahl der Fälle dem anderen nicht bewußt werden darf und in ihrer Absicht verborgen werden muß, weil sie anderenfalls Entrüstung und Mißtrauen induzieren würde, bedarf es zum Gelingen der Täuschung doch nicht generell einer derartigen Verheimlichung. Damit beispielsweise eine Mitteilung entsprechend der Erwartung des Mitteilenden vom Empfänger gleichfalls als Witz qualifiziert werden kann, ist es sehr häufig notwendig, daß der Empfänger seine spontane Qualifizierung der empfangenen Mitteilung verwirft, indem er die von ihm zunächst getroffene Modalisierung als inkongruent erkennt und die Mitteilung erneut und zwar nun als Witz modalisiert. Wer einen Witz erzählt, geht häufig von der Erwartung aus, daß seine digitalen Mitteilungen bzw. das analoge Material, mit dem er diese Mitteilungen qualifiziert, vom Hörer zunächst mit einem anderen Modus qualifiziert und in einem anderen Sinnzusammenhang selektiert werden. Der Clou eines Witzes kommt meist erst dadurch zustande, daß sich diese primäre Qualifizierung und Sinnaktualisierung als inadäquat erweisen.[195]

Daß sich eine Täuschung als divergierende Sinnaktualisierung allein durch die bloße Unterlassung von Handlungen und verbalen Mitteilungen durchführen läßt, wird wohl eher eine Ausnahme darstellen. In der Regel wird es erforderlich sein, dem aus dem Geheimnis Ausgeschlossenen, d. h. dem Getäuschten, die Gewißheit zu vermitteln, daß der Täuschende keine divergierenden Sinnaktualisierungen vornimmt, die für ihn von Relevanz sein oder sich im nachhinein als Manipulation erweisen könnten[196]. Falls sich jedoch ein bereits vorhandener Verdacht nicht ausräumen läßt, muß er alles nur Mögliche unternehmen, daß er sich nicht bestätigt. Um trotz der Täuschung den Erwartungen des Getäuschten zu entsprechen und dessen Hinwendung zu seinen Negationen zu vermeiden, muß der Täuschende nicht selten zu aktiven Formen der Täuschung greifen und sich der Verstellung und/oder Lüge bedienen.[197]

Verstellung und *Lüge* als Täuschungsstrategien unterscheiden sich primär durch das Material, dessen sich der Täuschende in der Kommunikation mit anderen bedient. Während sich die Verstellung auf das gesamte nichtsprachliche Handeln und Ausdrucksverhalten erstrecken kann, und ihr somit analoges Kommunikationsmaterial zugrundeliegt, bedarf es zur Lüge der sprachlichen Mitteilung auf der Grundlage digitalen Materials. Entsprechend findet Verstellung als Täuschungsmanöver vorwiegend in solchen Kommunikationen statt, die auf reziproker Wahrnehmung basieren; daß die Verstellung deshalb nicht notwendig auf einfache Systeme beschränkt bleiben muß, zeigen beispielsweise die Erfolge eines Hauptmann von Köpenick. Daß eine Verstellung häufig nicht als solche erkannt wird und selbst dann noch, wenn man sie beim anderen vermutet, nicht immer nachzuweisen sein wird, erklärt sich aus der Qualität des analogen Kommunikationsmaterials: Ein und dieselbe analoge Mitteilung läßt mehrere Digitalisierungen zu und ist damit für verschiedene, oftmals diametral divergierende Qualifizierungen und Sinndeutungen offen. Der Selektivität des anderen und dem ihr zugrundeliegenden Sinn, mit dem er die Aktivitäten des Täuschenden interpretiert, vermag der Täuschende oftmals dadurch zu entgehen, daß er das Verstehen des anderen seinerseits als Mißverständnis interpretiert, oder es ihm gar gelingt, die Interpretation der Täuschung als auf einem Wahrnehmungsfehler dessen beruhend hinzustellen, der faktisch getäuscht wurde. Sobald jedoch der Verdacht, getäuscht zu werden, vom anderen thematisiert wird, bleibt dem Täuschenden seinerseits – will er die Täuschung aufrechterhalten – gleichfalls nur die Möglichkeit, seine Täuschungsabsicht verbal zu negieren, d. h. zu lügen.

Indem sich die Täuschung in der Form der Lüge der Sprache bedient, können jener Sinn und dessen Selektion, die der Täuschende zwar seinem Handeln zugrundelegt, die er jedoch gerade vor seinem Kommunikationspartner verheimlichen möchte, selbst wieder sinnhaft negiert werden.[198] Als sprachliche Kommunikation ermöglicht die Lüge gerade jene Negation aktueller Potentialitäten und möglichen Sinnes, deren die Verstellung aufgrund der mangelnden Negationsfähigkeit des ihr zugrundeliegenden analogen Kommunikationsmaterials entbehrt. Durch die explizite sprachliche Negation entlastet der Täuschende den Getäuschten sozusagen von der Last der Negation divergierenden Sinnes und aktueller Potentialitäten, die jener zuvor über Vertrauen bzw. Mißtrauen zu leisten hatte. Wichtig ist dabei allerdings, daß der Kommunikationspartner davon überzeugt wird, daß die Nichtkontingenz des Aussageinhaltes der sprachlichen Mitteilung und deren Aufrichtigkeit unabhängig von der Subjektivität des Mitteilenden bestehen und gerade deshalb ungeprüft akzeptiert werden können, weil sie aus der Welt folgen und somit prinzipiell überprüfbar sind. Aufgrund ihres spezifischen kommunikativen Charakters, den die Lüge im Vergleich zu averbalen Formen der Täuschung hat, läßt sie sich andererseits jedoch sehr viel leichter als Täuschung nachweisen. Dem Vorwurf bewußter Unaufrichtigkeit läßt sich weitaus schwieriger begegnen als dem bloßer Verstellung. Wird man der Lüge überführt, muß man sie als Handeln verantworten, während die nichtverbale Täuschung häufig noch die Möglichkeit offenläßt, die eigenen Aktivitäten als Versehen, Ausrutscher oder unbeabsichtigten Fehler darzustellen und etwaigen Folgen durch Entschuldigungen zu entgehen.

Um erfolgreich zu täuschen, muß der Täuschende zumindest zwei Wirklichkeitsebenen parallel bewältigen und deren Komplexität reduzieren: Neben der zu verheimlichenden Wirklichkeit muß er eine zweite Wirklichkeit aufbauen, die sich an den Erwartungen des anderen orientiert, und deren Funktion gerade darin besteht, die erste Wirklichkeit vor dem Getäuschten zu verbergen.[199] Der Täuschende muß diese zweite Wirklichkeit lückenlos beherrschen, denn – wie Berger zu recht bemerkt – nur wer die Spielregeln kennt, kann richtig täuschen.[200] Diese zweite Wirklichkeit muß in sich konsistent sein.[201] Im Extremfall muß der Täuschende deshalb über eine Ersatzbiographie, über Ersatzintentionen und -erklärungen seines Handelns verfügen können; auch muß er die Kontinuität der einmal gewählten Darstellung wahren, indem er etwa ihm dabei möglicherweise unterlaufende Fehler durch überzeugende und glaubwürdige Erklärungen zu korrigieren vermag.

Vor allem im Falle der Verstellung, in dem der Täuschende beispielsweise zu Zwecken des Betruges sein Handeln auf einer nur vorgetäuschten Rollenidentität basieren läßt, bestehen zwischen dem Täuschenden und dem Getäuschten nicht nur Differenzen im Hinblick auf den zu bewältigenden Komplexitätsgrad und hinsichtlich unterschiedlicher Reflexivitätsstufen der beiderseitigen Erwartungen und des Vertrauens, sondern auch die Systemreferenz weist Unterschiede auf. Der Täuschende bedient sich im Prozeß der Täuschung sowie bereits bei deren Vorbereitung zumindest eines doppelten Sinnzusammenhanges. Seine *vorgetäuschten* Erwartungen innerhalb der gemeinsamen Handlungssituation muß er an dem Sinnzusammenhang orientieren, den sein *‚Opfer'* mit ihm teilt, seine *intendierten* und *verheimlichten* Erwartungen, die er seinen dargestellten Erwartungen zugrundelegt, lassen sich hinsichtlich des ihnen zugrundeliegenden Sinnes von jenen abgrenzen, an denen der Betrogene so lange nicht zu partizipieren vermag, als er den Betrug nicht bemerkt. Das Handeln des Täuschenden ist – abgrenzbar allein auf der Erwartungsebene – für divergierende Sinnzusammenhänge relevant.

Während die Verheimlichung eines Geheimnisses auf der Ebene einfacher Reflexivität hinreichend sicher erreicht und damit die Reflexivität der Geheimhaltung auf diese Stufe begrenzt werden kann, kann die Reflexivität in bezug auf die Täuschung nahezu grenzenlos werden, denn der Täuschende muß mit jedem neuen Täuschungsmanöver stets darüber hinwegtäuschen, daß er täuscht. Vor allem seine Lügen weisen eine permanente Expansionstendenz auf[202]. Für jede von ihnen können, damit sie nicht als Lügen erkennbar werden, immer neue ‚Stützlügen' erforderlich werden. Selbst für den Fall, daß der andere den Verdacht äußert, belogen zu werden, muß der Lügner noch mit einer Lüge antworten, damit seine vorausgehenden Lügen nicht als solche entlarvt werden können. Diese hochkomplexe Konstruktion, die der Täuschende seinem Handeln zugrunde legen muß, kann unter Umständen bereits dann zusammenbrechen, wenn er auch nur eine seiner Lügen vergißt. Damit nicht ein ihm selbst unbemerkt gebliebener Widerspruch seiner Aussagen dem Getäuschten einen Anhalt bietet, der diesem als Verdachtsmoment und zur Weckung seines Mißtrauens ausreichen könnte, muß der Täuschende notwendig ein besonders gutes Gedächtnis haben[203]. Auch ist die Gefahr groß, daß der sich betrogen Wähnende sein Mißtrauen anfänglich vor dem Betrüger verbirgt, um ihn seinerseits über die von ihm bewältigte und in seine Handlungen einbezogene Komplexität zu täuschen und den Täuschenden so zunehmend in seine eigenen Widersprüche zu verwickeln, um ihn schließlich unwiderlegbar des Betruges zu überführen.[204]

Doch kann selbst das ausgezeichnetste Gedächtnis den Täuschenden nicht vollständig vor der Gefahr des Selbstverrates bewahren, weil die Vergegenwärtigung vergangener Ereignisse und Informationen diese selbst wieder in Abhängigkeit von gegenwärtigen Aktualisierungen und Ereignissen verändert. Die Erinnerung an die Vergangenheit ist keine identische Abbildung einer zurückliegenden Gegenwart in einer aktuellen. Sich an Vergangenes zu erinnern, bedeutet vielmehr Rekonstruktion und damit zugleich Selektion von in der Vergangenheit Geschehenem. Wegen der Abhängigkeit der jeweiligen Selektionen vom Wissen der Gegenwart bleibt das Wissen um die Vergangenheit der Erinnerung nicht als konstante Größe[205], vielmehr entscheiden das Gegenwartswissen wie auch die Anforderungen der momentanen Situation mit über die Relevanz bzw. Irrelevanz von Informationen über die Vergangenheit, so daß diese angesichts sich ändernder Ereignisse und Erfordernisse zunehmend in einem neuen Lichte erscheint. Zusätzlich wird das Risiko, das die Täuschung in diesem Falle impliziert, noch dadurch erhöht, daß die Kriterien der Relevanz sowie die jeweils aufgrund unterschiedlicher individueller Vergangenheiten zur Verfügung stehenden Informationsquellen auf seiten des Getäuschten kaum mit jenen des Täuschenden übereinstimmen werden. Sowohl das aktuelle Erleben des Partners wie dessen sinnhafte Zuwendung auf frühere Erlebnisse sind kontingent und stellen insofern einen Unsicherheitsfaktor dar. Dem Täuschenden kann es bereits zum Verhängnis werden, wenn einem Ereignis aus der Vergangenheit, das von ihm selbst als belanglos betrachtet und vergessen worden ist, vom Getäuschten große Bedeutung beigemessen und in der gemeinsamen Gegenwart als Information erneut aktualisiert wird. In einem solchen Fall kann es der Täuschende kaum verhindern, wenn seine Täuschungen Anlaß zu einem Verfahren gegen ihn geben.[206]

Die Strategie der Täuschung zwingt ferner zu einer peinlich genauen Wahrung der Normalität. Um einigermaßen sicher täuschen zu können, muß sich der Täuschende hinter dem Anschein unauffälliger Normalität verbergen und beispielsweise jede Affirmation zu vermeiden suchen, denn „immer haben sich die Lügner durch Beteuerungen verraten".[207] Gleichfalls muß der Täuschende darauf bedacht sein, sowohl die Zeitspanne, die für seine vorgetäuschte Wirklichkeit relevant sein könnte, als auch die Dauer des Kontaktes zu dem Getäuschten sowie die Täuschung selbst auf ein möglichst geringes Maß zu beschränken, um sich zumindest auf diese Weise von Komplexität zu entlasten.[208] Für den Fall, daß es dem Täuschenden nicht gelingt, die Tatsache der Täuschung auf Dauer verborgen zu halten, muß er als substitutive Strategie versuchen, sich als Urheber der Täuschung dem Zugriff des Getäuschten zu entziehen. Dieser Verantwortungsentzug kann beispielsweise dadurch gelingen, daß er es bei der Einmaligkeit des Kontaktes mit dem Betrogenen beläßt oder aber, wenn die Tat schon nicht mehr zu verheimlichen ist, er seine Identität als Täter zu verbergen sucht, so daß die Täuschung dem Täuschenden nicht persönlich zurechenbar ist.[209]

Abgesehen davon, daß es bereits aufgrund der immensen zusätzlichen Komplexität, die es bei einer Täuschung zu bewältigen gilt, in den meisten Fällen – vor allem in Dauerbeziehungen[210] – vorteilhafter ist, das entgegengebrachte Vertrauen zu rechtfertigen, bilden gerade die Folgeprobleme der Selbstdarstellung nicht zu unterschätzende Täuschungsbarrieren. Da gerade hochkomplexe Systeme unverzichtbar auf die Beziehung gegenseitigen Vertrauens angewiesen sind[211], stellt vor allem derjenige, der durch seine Täuschung gegen diese wechselseitige Grunderwartung verstößt, die Kontinuität seiner Selbstdarstellung nachhaltig in Frage. Während normative Erwartungen ansonsten eine gelegentliche Behandlung von Abweichungen als Ausnahmen zulassen und zuweilen nach dem Motto „einmal ist keinmal" verfahren wird[212], scheint in bezug auf die Täuschung innerhalb sozialer Systeme eher derart verfahren zu werden, daß demjenigen, der auch nur ein einziges Mal das ihm entgegengebrachte Vertrauen durch Täuschung nachweislich mißbraucht hat, fortan selbst kontrafaktisch – „und wenn er auch die Wahrheit spricht!" – das Vertrauen entzogen wird und er seine Vertrauenswürdigkeit verliert.[213] Als verstärkender Mechanismus der Verhinderung eines Vertrauensmißbrauchs mag sich auch die Tatsache auswirken, daß man sich in der Regel, wenn man ein von anderen entgegengebrachtes Vertrauen mißbraucht, sich nicht nur vor diesen und den übrigen Systemmitgliedern sondern gleichfalls auch vor sich selbst diskreditiert.[214]

4. Täuschung und Vertrauen

Wie bereits deutlich wurde, geht einer Geheimhaltung ein Kalkül der Wahrscheinlichkeit voraus, mit der im Falle der Mitteilung mit unerwünschten Folgeproblemen zu rechnen sein wird. Da ein solches Wahrscheinlichkeitskalkül jedoch in der Mehrzahl der Fälle aufgrund unzureichender Informationen getroffen werden muß, liegt der Entscheidung zur Geheimhaltung damit zugleich auch eine Entscheidung darüber voraus, ob dieser Informationsmangel durch Vertrauen oder in funktional äquivalenter Weise durch Mißtrauen verarbeitet werden soll.

Wer das Risiko einer Mitteilung nicht eingehen will, weil er den Reaktionen mißtraut und die Folgen fürchtet, und sich daher für eine Geheimhaltung entscheidet, der wird dennoch nicht umhin können, zu vertrauen. Um überhaupt geheimhalten zu können, muß der Geheimhaltende auf die Effektivität der von ihm getroffenen Strategie der Geheimhaltung vertrauen. Mit Ausnahme vielleicht von rein kognitiven Vorgängen, die ein personales System der Kommunikation mit anderen total entzieht, kann niemand seiner Geheimhaltung völlig sicher sein[215]. Wer geheimhält, muß sich selbst vertrauen und eben dadurch die Möglichkeit zu negieren suchen, sich durch Unvorsichtigkeiten und Fehler zu verraten. Ebenso muß er darauf vertrauen, daß der Ausgeschlossene nicht hinter den Inhalt des Geheimnisses gelangen oder ihm dessen geheimgehaltener Sinn zugänglich wird. Da sich solche Gefährdungen einer Geheimhaltung als Möglichkeiten jedoch nicht eliminieren lassen, kann der Geheimhaltende nur darauf vertrauen, daß sie sich nicht ereignen werden. Wer sich der Geheimhaltung als Strategie bedient, muß auch in Kauf nehmen, daß der bzw. die Ausgeschlossenen ihrerseits auf die Geheimhaltung mit Mißtrauen reagieren. Dieses Mißtrauen kann entweder auf die Tatsache der Geheimhaltung und damit auf eine Einzelhandlung beschränkt bleiben, oder aber insofern generalisiert werden, als beim Geheimhaltenden eine grundsätzliche Mißtrauenshaltung vermutet wird. Indem das beim Geheimhaltenden vermutete Mißtrauen den Ausgeschlossenen seinerseits mißtrauisch werden läßt, wird das Mißtrauen schließlich reflexiv. Sofern der Geheimhaltende nicht sicher sein kann, ob er sich diesem Mißtrauensverdacht gegenüber behaupten kann, oder aber ob er Mißtrauen als Einstellung wegfingieren muß, muß er gleichfalls darauf vertrauen können, von diesem Mißtrauen nicht allzusehr belastet zu werden – anderenfalls würde es sich als günstiger erweisen, das eigene reflexive bzw. doppelt reflexive

Mißtrauen hinter einer reflexiven Geheimhaltung zu verbergen. Zumindest insofern, als die Strategie der Geheimhaltung sich nicht ohne das Vertrauen in ihre Effektivität übernehmen und durchführen läßt, basiert im Grunde jede Geheimhaltung letztlich auf einem reflexiven Vertrauen. Dadurch, daß Geheimhaltung nicht nur eine Entscheidung über den Modus des möglicherweise zu verheimlichenden Inhaltes, sondern auch über den Kommunikationsmodus der Geheimhaltung impliziert, liegt der Geheimhaltung ein Kalkül ihres Risikos und damit zugleich auch des Risikos voraus, der Effektivität der Geheimhaltung zu vertrauen. Indem der Geheimhaltende gerade nicht spontan der Wirksamkeit seines Handelns vertraut, sondern sowohl das Risiko der Geheimhaltung als auch das seines Vertrauens einzukalkulieren sucht, basiert bereits die einfache Geheimhaltung auf einem durchschauenden Vertrauen[216]; von manch anderen alltäglichen Handlungsformen und -strategien unterscheidet sich die Geheimhaltung primär dadurch, daß das ihr zugrundeliegende Vertrauen eben nicht unbedacht, leichtsinnig oder routinemäßig erbracht wird.[217]

Die Reflexivität des Vertrauens ist bei einfacher Geheimhaltung nicht nur in bezug auf jene von Belang, die aus dem Geheimnis und von seinem Inhalt ausgeschlossen werden. In ähnlicher Weise wird reflexives Vertrauen auch bei der Einweihung in Geheimnisse als Moment der Risikoverringerung relevant. Im Falle der Einweihung ist der Geheimhaltende sehr viel stärker auf Vertrauen angewiesen; er muß nicht nur sich selbst, seinen Fähigkeiten und der Effektivität seiner Geheimhaltung vertrauen; darüber hinaus muß er vor allem den Vertrauensmißbrauch auszuschließen suchen, der darin bestünde, daß der Eingeweihte das Geheimnis unbefugt offenbart. Jemanden in ein Geheimnis einzuweihen, impliziert zugleich das Risiko, daß das Geheimnis dadurch leichter verraten und der dadurch entstehende Nachteil eher größer wird als der Vorteil, der für den Geheimhaltenden aus der vertraulichen Mitteilung des Geheimnisses gezogen werden kann. Um dieses Risko zu vermindern, kann sich der Geheimhaltende in zweifacher Weise eines durchschauenden Vertrauens zu bedienen suchen. Zum einen kann er darauf vertrauen, daß die Tatsache, daß er dem Einzuweihenden Vertrauen erweist, für diesen wiederum eine Motivationsfunktion hat, dem ihm erwiesenen Vertrauen seinerseits durch Vertrauen zu begegnen – der Einweihende vertraut gewissermaßen dem ihm entgegengebrachten Vertrauen. Zum anderen muß der Einweihung das Vertrauen vorausgehen können, daß der Einzuweihende seinerseits Vertrauen erweist und sich an die mit der Geheimhaltung verbundenen Kommunikationsbeschränkungen und Mitteilungsnegationen gebunden fühlt. Eine bloße Unterstellung solcher Vertrauenserweise von seiten des potentiellen Geheimnisträgers wäre dafür nicht ausreichend und zu riskant. Daß der Geheimhaltende bzw. der Mitwisser eines Geheimnisses seinen Partner in das Geheimnis einweiht, setzt voraus, daß er dessen Vertrauen hinreichend einzuschätzen vermag. Um überhaupt dem Vertrauen eines anderen vertrauen zu können, muß der Vertrauende über Informationen verfügen, die das Vertrauen gerechtfertigt erscheinen lassen; denn „ohne jede vorherige Information kann man nicht vertrauen".[218]

Zur Beschaffung entsprechender Informationen, die ein solches Vertrauen rechtfertigen, kann es beispielsweise angebracht erscheinen, die Vertrauensbereitschaft und -fähigkeit des einzuweihenden Partners zunächst dadurch zu testen, daß man ihm relativ folgenlose und an sich einer Geheimhaltung nicht bedürftige Mitteilungen sozusagen als Spielmaterial zukommen läßt. Auch Verstellung und Lüge als Täuschungen, die eine reflexive Geheimhaltung implizieren, sind ohne eine Reflexivität des Vertrauens nicht denkbar. Weniger wichtig ist dabei allerdings die Tatsache, daß der Kommunikationspartner dem Täuschenden vertraut als vielmehr, daß er überhaupt vertraut. Indem durch den Mechanismus des Vertrauens die Komplexität der Welt reduziert wird, und der Vertrauende somit eine Vielzahl von Möglichkeiten in ihrer aktuellen Potentialität und Relevanz für sein Handeln negiert, basiert Vertrauen letztlich auf einer Täuschung über die tatsächliche Komplexität. Wer vertraut, überzieht notwendig und mehr oder weniger bewußt die ihm verfügbaren Informationen in der Erwartung, daß gerade ein solches Überziehen der Information vorteilhafter ist als ein fortgesetztes Bemühen um deren Erweiterung bzw. als ein Verlangen nach Gewißheit. Und eben diese Tatsache, daß alles Vertrauen auf Täuschung basiert, macht sich zunutze, wer sich der aktiven Täuschung seiner Partner als Handlungsstrategie bedient. Wer andere täuscht, aktualisiert seinerseits die Funktion und den Funktionszusammenhang des Vertrauens. Er geht von der Überzeugung aus, daß der andere die ihm verfügbaren Informationen überzieht, wenn er nur vertraut. Wer als Täuschender reflexiv dem Vertrauen des anderen vertraut, der vertraut darauf, daß dieser sich täuscht. Wer sich verstellt oder lügt, vertraut darauf, daß der andere sich vor allem über die aktuelle Potentialität und Relevanz jener Möglichkeiten hinwegtäuscht, deren Aktualisierung der Täuschende reflexiv zu verheimlichen sucht. Um sich jedoch seinerseits nicht über das Ausmaß der Täuschung seines Partners zu täuschen, kann sich der Betrüger nicht mit der Reflexivität seines Vertrauens begnügen. Er muß zugleich auch dem Vertrauen seines Opfers mit Mißtrauen begegnen, um gerade so jene Komplexität übernehmen und verarbeiten zu können, deren sich das Opfer durch sein Vertrauen entledigt. Damit der Mißbrauch des Vertrauens eine hinreichende Aussicht auf Erfolg gewähren kann, muß der Täuschende weitaus mehr Möglichkeiten im Auge behalten als sein Kontrahent.

Von ausschlaggebender Bedeutung für das Gelingen einer Täuschung ist es ferner, inwieweit es dem Täuschenden gelingt, dem Getäuschten die Sicherheit seiner Erwartungen zu vermitteln und ihm damit die Bestätigung zu geben, daß sein Vertrauen gerechtfertigt und nicht unbedacht, leichtfertig oder gar leichtsinnig erscheint. Wichtig dafür ist, daß der Betrüger deutlich – aber gerade nicht so überdeutlich, daß seine Absicht durschaut wird – zu erkennen gibt, daß er gleichfalls vertraut und daß auch sein Vertrauen durch den Vertrauenserweis seines Partners gerechtfertigt ist. Wer das Vertrauen seines Partners mißbrauchen will, kann sich gerade nicht damit begnügen, auf dessen Vertrauen zu hoffen. Weil der Erfolg seines Täuschens davon abhängt, ob der andere vertraut, muß der Täuschende aktiv dazu beitragen, daß dieser seine Informationen auch faktisch überzieht. Diese Bereitschaft, Vertrauen entgegenzubringen, kann bei dem zu Täuschenden nicht zuletzt auch dadurch erhöht werden, daß der Täuschende seinem Partner zu verstehen gibt, daß sich ein Vertrauensmißbrauch für ihn – den Täuschenden – aufgrund bestehender Sanktionsmöglichkeiten von seiten des Getäuschten letztlich genauso wenig auszahlt wie für den Getäuschten selbst. Die Möglichkeit eines Vertrauensmißbrauchs erscheint so nicht nur unwahrscheinlich, sondern zugleich unvernünftig und unsinnig.[219]

Wenngleich wohl jede Täuschung und jeder Vertrauensmißbrauch denjenigen, der sich ihrer bedient, weitaus stärker mit Komplexität belasten als den, der durch sein Vertrauen entsprechenden Strategien zum Opfer fällt, so belastet doch nicht jeder Mißbrauch in gleichem Maße. Das Risiko und die Belastung einer Verstellung oder Lüge werden in der Regel umso geringer, je sicherer sich der Getäuschte seinen Erwartungen ist und je spontaner, je unbedachter, selbstverständlicher oder routinemäßiger er sein Vertrauen erweist und je mehr damit die Funktion und die Funktionsvoraussetzungen des Vertrauens für ihn latent bleiben. In dem Maße, wie das Opfer sein Vertrauen bewußter entgegenbringt, sein Vertrauen reflexiv werden läßt oder es gar durch Mißtrauen ersetzt, steigt das Risiko des Betruges. Für den Betrüger bedeutet eine solche Komplexitätssteigerung deshalb eine zusätzliche Belastung und eine mögliche Gefährdung seines Erfolges, weil er sich von dieser Komplexität eben nicht wie sein Opfer durch Vertrauen entlasten kann, denn indem er das Vertrauen seines Partners mißbraucht, muß er ja gerade jene Komplexität übernehmen und bewältigen, deren sich der andere durch Vertrauen entledigt.

Um den Erfolg einer Täuschung anderer als Strategie reflexiver Geheimhaltung sicherzustellen und um die eigene Täuschung, auf der auch das Vertrauen des Täuschenden letztlich basiert, so weit wie möglich zu verringern, kann schließlich – wenn auch nicht notwendig in jedem konkreten Fall, so doch prinzipiell – eine letztlich unbegrenzte Reflexität des Vertrauens erforderlich werden. Um der Gefahr zu entgehen, sich über die im Vertrauen des anderen implizierte Täuschung zu täuschen und damit der eigenen Täuschung zu erliegen, kann der Täuschende sich um eine größere Transparenz der Voraussetzungen und Bedingungen seines Vertrauens bemühen, das er in das Vertrauen seines Opfers setzt. Durch die Einbeziehung zusätzlicher Handlungsalternativen und Vorsichtsmaßnahmen kann der Täuschende weiterhin die Täuschungsmöglichkeiten seines eigenen reflexiven Vertrauens in das Vertrauen seines Opfers und deren Folgen verringern, d. h. dem Vertrauen des anderen in doppelt reflexiver Weise vertrauen.

Wieweit eine solche Reflexivität des Vertrauens auch immer vorangetrieben werden mag, so kann auf diese Weise doch nicht definitiv ausgeschlossen werden, daß ein Täuschungsmanöver mißlingt und der ihm zugrundeliegende Vertrauensmißbrauch durchschaut wird. Eine erhöhte Reflexivität des Vertrauens kann allenfalls dieses Risiko in seiner Wahrscheinlichkeit für den Täuschenden verringern. Die Zufälligkeit von Ereignissen und die Unberechenbarkeit und Launenhaftigkeit des Getäuschten oder unbeteiligter Dritter lassen sich in ihrer Kontingenz und der daraus resultierenden Möglichkeiten der Täuschungsaufdeckung, -entlarvung oder des Selbstverrates auf diese Weise nicht definitiv eliminieren.

Anmerkungen

1 Simmel (1908 a), S. 373–402; vgl. auch ders. (1906 a).
2 Siehe Simmel (1908 a), S. 346, vgl. auch Simmels Essay über das Abenteuer, in: ders. (1911 b), spez. S. 18 ff.
3 Simmel (1908 a), S. 359.
4 Vgl. Simmel (1908 a), S. 389. Simmels Überlegungen zur geheimen Gesellschaft sind mittlerweile empirisch zu überprüfen versucht worden, siehe Hawthorn (1956), Hazelrigg (1969); vgl. hierzu Becher (1971), S. 85.
5 Vgl. Simmel (1908 a), S. 349.
6 Simmel (1908 a), S. 358.
7 Stok (1929).
8 Vgl. v. Wiese im Vorwort zu Stok (1929), S. V.
9 Bernsdorf (1959), S. 544.
10 Retention als selektive Mitteilung bei Stok ist vom Husserl'schen Begriff der Retention als des Noch-Bewußtseins, der Erinnerung im zeitlichen Handlungsablauf, zu unterscheiden; vgl. dazu Schütz (1960), S. 45 ff.
11 Stok (1929), S. 4.
12 Stok (1929), S. 5.
13 Stok (1929), S. 72.
14 Siehe dazu Goffman (1969), (1967 a), vgl. ferner (1955), (1956 a), (1956 b), (1957), (1961 a), (1961 c), (1963), (1967 b). Wie sehr dabei allerdings gerade bei Goffman der vom Entwicklungsstand der allgemeinen Soziologie her mögliche theoretische Bezugsrahmen oftmals zugunsten eines eher oberflächlich anmutenden Plaudertones vernachlässigt worden ist, darauf weisen vor allem Naegele (1956), S. 632, Seemann (1964) und Tiryakian (1968 a), S. 462 f. in Rezensionen Goffmanscher Arbeiten zu recht hin.
15 Glaser/Strauss (1964), S. 657; zum Dramaturgieansatz vgl. allgemein auch die Arbeiten von Berger (1969), Burke (1968), Messinger u. a. (1968); zur Kritik dieses Ansatzes vgl. Furth (1971), S. 7 ff.
16 Zur sozialen Funktion der Verlegenheit siehe Goffman (1956 a).
17 Vgl. Goffman (1969), S. 129 ff.
18 Siehe Glaser/Strauss (1964), vgl. dies. (1965 a), (1965 b), (1968) sowie Haystead (1971).
19 Siehe Glaser/Strauss (1964), S. 670.
20 So zeigen Glaser/Strauss (1965 a), S. 37 f., daß Krankenschwestern in Kommunikationen mit sterbenden Patienten, die nicht um ihr Schicksal wissen, zwar die Gegenwart und auch die fernere Zukunft einbeziehen, die unmittelbare Zukunft jedoch ausklammern.
21 So werden Krebspatienten z. B. in manchen Krankenhäusern auf verschiedene Abteilungen verteilt, um sie nicht mit anderen als den üblichen Erfahrungen von Krankheit zu konfrontieren und sie nicht aus der Nichtidentität gegenwärtigen Erlebens zu der vorhandenen Erfahrung auf ihre wirkliche Krankheit schließen zu lassen. Auch ist es üblich, daß sterbende Patienten – mit der Erklärung der Schmerzlinderung – hochgradig narkotisiert werden, um gewisse Erfahrungen bei ihnen zu verhindern; vgl. Glaser/Strauss (1965 a), S. 39, Goffman (1969), S. 87.
22 Siehe Glaser/Strauss (1965 a), (1965 b), Strauss/Glaser (1970).
23 Vgl. Rapoport (1969), S. 84 f.
24 Zu einer theologischen Betrachtung des Geheimnisses vgl. Rahner (1959), Rahner/Vorgrimler (1963), S. 119 f., Coreth (1964), S. 543, Hofer (1964).
25 Vgl. Luhmann (1969 a).
26 Als solche kann die soziale Kommunikation wiederum unterschiedliche Funktionen haben; dazu siehe z. B. Tembrock (1961), S. 190, vgl. Reimann (1968), S. 99.

27 Die dieser Arbeit zugrundeliegende Systemtheorie ist vor allem in den letzten Jahren von Niklas Luhmann entwickelt worden. Als einen zusammenfassenden Überblick siehe z. B. Sievers (1971).
28 Luhmann (1971 a), S. 42.
29 Zum ‚Sinn' als soziologischem Grundbegriff siehe ausführlicher Luhmann (1971 a).
30 Zur Funktion der Negation für sinnhaftes Erleben und Handeln siehe Luhmann (1971 a), S. 35 ff.
31 Eine derartige Spezialisierung von Kommunikationen findet sich in Organisationen – speziell in Verwaltungen. Die Kommunikation in solchen organisierten Kommunikationssystemen ist gekennzeichnet durch ihre hohe Authentizität, durch ihre Zurechenbarkeit in bezug auf den Absender wie auch für die Adressaten sowie die Tatsache der Verantwortbarkeit; vgl. Luhmann (1969 a), Sp. 836.
32 Dazu siehe vor allem Luhmann (1971 h).
33 Aus diesem Grunde wird auch eine ausschließlich semantische Begründung sozialer Kommunikationen, wie sie etwa von Habermas (1971 a) vorgenommen wird, fragwürdig.
34 Paralinguistische Kommunikationsmomente sind etwa Tonfall, Sprachtempo, Pausen, Lachen und Seufzen – vgl. Watzlawick u. a. (1969), S. 51.
35 Vgl. Luhmann (1971 a), S. 43 f.
36 Siehe Bateson u. a. (1969), dazu vgl. auch die Arbeiten von Haley (1969), Weakland (1969), Laing (1969 b), Watzlawick u. a. (1969); siehe auch den Überblick zu Schizophrenietheorien bei Berndt (1967).
37 Diese Annahme basiert auf der logischen Typenlehre Bertrand Russels; vgl. dazu Watzlawick u. a. (1969), S. 176 oder Bateson u. a. (1969), S. 11 ff.
38 Vgl. Auch Arnold (1971), S. 72 ff. in bezug auf Motive, die als Grund für spezielle Verhaltensweisen angegeben werden.
39 Vgl. Bateson u. a. (1969), S. 13.
40 Zunächst in der Psychologie entwickelt, kommt diesen Kommunikations- bzw. Sprachmodalitäten vor allem in der Elektronik und in der automatischen Datenverarbeitung besondere Bedeutung zu. Während Analogrechner – der Rechenschieber ist dafür das beste Beispiel – mit realen, im wesentlichen stetigen physikalischen *Größen* (Längen, Stärken, Druck etc.) operieren, arbeiten Digitalrechner mit diskreten *Zahlen* auf der Grundlage relativ willkürlich festgelegter Kodifizierungen; zur Unterscheidung digitaler und analoger Kommunikationen siehe Watzlawick u. a. (1969), S. 61–68; vgl. auch die Stichworte „Analogrechner", „Digitalrechner" bei Klaus (1969).
41 Zu diesen Techniken vgl. Weakland (1969), S. 227 ff.
42 Vgl. Bateson u. a. (1969), S. 13.
43 Zum Begriff der Reflexivität siehe Luhmann (1966 c), (1968 a), S. 63 ff., vgl. Sievers (1971), S. 38.
44 Vgl. Luhmann (1971 a), S. 64.
45 Zur Funktion von Erwartungen bzw. Erwartungserwartungen für das faktische Handeln siehe beispielsweise Luhmann (1969 c), vgl. (1966 c), S. 5 f.
46 Dazu siehe Luhmann (1971 a), S. 44 f.
47 Von dieser Enttäuschung muß jene Enttäuschung unterschieden werden, die generell mit jeder Information verbunden ist. Information bedeutet Überraschung und insofern nicht die Bestätigung der Erfahrung durch das Erwartete sondern Enttäuschung; vgl. auch Luhmann (1971 a), S. 40 ff.
48 Zu diesem kommunikativen Dilemma siehe etwa die Berichte aus familientherapeutischen Sitzungen bei Watzlawick u. a. (1969), S. 207 ff.
49 Die Unterscheidung kognitiver und normativer Erwartungen, denen verschiedene Stile der Erlebnisverarbeitung und Enttäuschungsreaktion zugrundeliegen, trifft Luhmann (1969 c), S. 36 f. in Anlehnung an Galtung (1959).
50 Zur Funktion des Vertrauens siehe ausführlicher Luhmann (1968 a), ferner Deutsch (1958), (1960), Gibb (1964), Henslin (1968), Garfinkel (1963).
51 Daß es sich dabei jeweils nur um eine ungefähre Erfassung aller relevanten Momente der gemeinsamen Situation handeln kann, wird deutlich, wenn man sich die Komplexität der in einer Kommunikation relevanten Möglichkeiten vergegenwärtigt, die für die Handelnden normalerweise weitgehend latent bleiben: dazu vgl. etwa Strauss (1968), S. 57 ff.
52 Hierzu vgl. Garfinkel (1964).
53 In der Möglichkeit der Überraschung wird weithin der Hauptzweck der Geheimhaltung gesehen – vgl. z. B. Moore/Tumin (1949), S. 790, Lapp (1953), S. 225; die Möglichkeit der Überraschungsvermeidung bleibt dabei weitgehend außeracht.

54 Vgl. Feer (1970), S. 20: „Beseitigung von Ungewißheit ist Information".
55 Vgl. Watzlawick u. a. (1969), S. 51.
56 Zur Falsifikation von Modalisierungen vgl. Bateson u. a. (1969), S. 13.
57 Zur Unterscheidung digitaler und analoger Kommunikationen siehe Watzlawick u. a. (1969), S. 61 ff., vgl. oben S. 23.
58 Watzlawick u. a. (1969), S. 73.
59 Ebenso wie Kommunikationen durch unterschiedliche Modi qualifiziert werden können, ist auch die Erfahrung modalisierbar. „Wahrnehmung, Vorstellung, Phantasie, Spinnerei, Träume, Erinnerungen sind ... verschiedene *Modalitäten von Erfahrung.*" Laing (1969 c), S. 14.
60 Zur Invalidierung der Erfahrung und Mystifikation des Erlebens siehe Laing (1969 b), S. 282 ff., (1969 c), S. 30, vgl. Haley (1969), S. 91 ff., Scott/Lyman (1968 a), S. 57 f., Sykes/Matza (1967).
61 Eine Negation der Kommunikation innerhalb eines Systems wäre zugleich unmöglich, da jede Kommunikationsvermeidung als solche bereits Mitteilungscharakter haben muß, um vom Anderen verstanden zu werden; vgl. Watzlawick u. a. (1969), S. 52, Haley (1969), S. 86.
62 Siehe z. B. Luhmann (1967 a), S. 617, vgl. Sievers (1971), S. 31.
63 Unter Zugrundelegung eines Ego-Alter-Modelles ließe sich Geheimhaltung wohl in analoger Form zu sozialen Kommunikationen als Modalisierung intrapersonaler Kommunikation bezeichnen; zur Möglichkeit einer Analogie intrapersonaler und sozialer Kommunikationsvorgänge vgl. allgemein Watzlawick u. a. (1969), S. 51, Schein (1969). Analoge intrapersonale Phänomene zur Geheimhaltung enthält wohl auch der psychologische Terminus der ‚Verdrängung'.
64 Zur Unterscheidung personaler und sozialer Systeme vgl. Luhmann (1969 j), S. 249 ff.
65 Auf wechselseitiger Wahrnehmung beruhende Interaktionen stellen eines der zentralen Themen Goffmanscher Arbeiten sowie der von ihm beeinflußten Autoren dar: siehe beispielsweise Goffman (1955), (1956 a), (1961 a), (1963), (1967 b), (1969), Bensman/Gerver (1963), Coser (1960), Garfinkel (1964), Glaser/Strauss (1964), McCall/Simmons (1966), Scott/Lyman (1968 a) sowie die Beiträge von Crespi (1968), Henslin (1968), Lyman/Scott (1968 b), Messinger u. a. (1968) in dem Sammelband von Truzzi (1968). Überwiegend fehlt jedoch eine systemtheoretische Betrachtungsweise derartiger ‚sozialer Situationen', ‚Interaktionssysteme' und 'Encounters' oder wird gar ausdrücklich abgelehnt; im Gegensatz dazu einbezieht Luhmann ‚einfache Systeme' in den Objektbereich einer Theorie sozialer Systeme und betrachtet sie als eigenen Systemtyp neben Organisationen und Gesellschaft; siehe Luhmann (1971 h), vgl. (1971 i), S. 6 f.
66 Im Gegensatz zur Psychologie und Sozialpsychologie hat die Soziologie sich bisher kaum mit dem Prozeß und den Phänomenen sozialer Wahrnehmung beschäftigt; als eine Ausnahme siehe etwa Goffman (1971), S. 26 ff.; sozialpsychologisch vgl. Secord/Backman (1964), S. 9–92, Freedman u. a. (1970), S. 31–59, Ichheiser (1949 a), Laing u. a. (1971).
67 „Alles auf andere Menschen bezogene Erleben und Handeln ist darin doppelt kontingent, daß es nicht nur von mir, sondern auch vom anderen Menschen abhängt, den ich als alter ego, d. h. als ebenso frei und ebenso launisch wie mich selbst begreifen muß." Luhmann (1971 a), S. 62 f.
68 „Kommunikation (findet) in allen Situationen statt, in denen einer sein sinnbezogenes Erleben anderen absichtlich oder unabsichtlich zugänglich macht." Luhmann (1971 a), S. 43, vgl. Watzlawick u. a. (1969), S. 51 f., Luhmann (1971 h), S. 5.
69 Vgl. Luhmann (1971 a), S. 43.
70 Zur Unterscheidung einfacher (nicht reflexiver) Wahrnehmung und Kommunikation vgl. auch Newcomb u. a. (1965), S. 189 f.
71 Luhmann (1971 h), S. 6.
72 Zur Unterscheidung analogen und digitalen Kommunikationsmaterials vgl. oben S. 23.
73 Totale Ausdrucksverweigerung – z. B. bei katatonem Stupor aber auch bei manchen Dienstboten oder Lakaien – kann dazu veranlassen, die betreffende Person trotz ihrer physischen Anwesenheit als nichtanwesend zu betrachten; vgl. Goffman (1969), S. 129 ff.; häufig stellt die totale Ausdrucksverweigerung auf seiten des Partners auch ein Moment der Unsicherheit sowie des Risikos dar, da sich aus seinem Mienenspiel seine möglichen Reaktionen nicht antizipieren lassen; vgl. Krappmann (1971), S. 31.
74 Zur Selbstdarstellung personaler Systeme siehe vor allem Goffman (1969), vgl. Luhmann (1966 c), S. 11 ff.; zur Darstellung sozialer Systeme vgl. Luhmann (1962 b), (1964 b), S. 108 ff., (1965 b), S. 53 ff.

75 Vgl. dazu Davis (1961), Festinger u. a. (1952), Goffman (1967 a), Lyman/Scott (1970), S. 58–66, Messinger u. a. (1968), Scott/Lyman (1968 b).

76 Im Unterschied zu preisgegebenen oder gelüfteten Geheimnissen bewahrt ein ‚offenes Geheimnis' insofern seinen Geheimnischarakter, als in der Interaktion mit dem Geheimhaltenden die Kontingenz des Geheimnisinhaltes aufrecht erhalten werden muß, obwohl diese faktisch für den offiziell Nichteingeweihten oder gar auch für den Geheimhaltenden selbst nicht mehr besteht.

77 Vgl. Goffman (1971), S. 60, 68.

78 Siehe Goffman (1967 a), S. 105.

79 Siehe Luhmann (1971 h), S. 6 f., vgl. (1971 a), S. 42 ff.

80 Vgl. Luhmann (1971 h), S. 10.

81 Dabei muß von dem Fall abgesehen werden, daß es sich bei den verwendeten Signalsystemen um bloße, der Situation und dem jeweiligen Informationsträger angepaßte Verschlüsselungen nach Art des Morsealphabetes und nicht um eigenständige *Sprachen* handelt.

82 Zu den logischen Typen Russells vgl. Watzlawick u. a. (1969), S. 176 f.; ähnliche Überlegungen stellt am Beispiel der Ironie auch Weinrich (1966), S. 61 ff. an.

83 So ist ein Witz beispielsweise nicht nur in der verbalen, die wechselseitige Wahrnehmung der Teilnehmer einschließenden Kommunikation hinsichtlich seines Kommunikationsmodus verständlich, sondern – wenngleich schwieriger – auch in schriftlicher Kommunikation.

84 Die Modalisierung der eigenen Mitteilungen kann wiederum in hohem Maße an den Erwartungserwartungen gegenüber dem Empfänger orientiert sein; dazu vgl. Shibutani (1961), S. 145.

85 Als „Spiel ohne Ende" bezeichnen Watzlawick u. a. (1969), S. 216 ff. jenes kommunikative Paradoxon, das keinerlei Metakommunikation und somit auch keine Veränderung der aktuell gültigen Kommunikationsregeln zuläßt.

86 Vgl. Bateson u. a. (1969), S. 14.

87 Zur Geheimhaltung aufgrund von Mißverständnissen und Mißtrauen vgl. auch Stok (1929), S. 53 f.; zum Mißtrauen allgemein siehe Luhmann (1968 a), S. 69 ff.

88 Zu den Techniken und Schwierigkeiten, derart wahrgenommene Inkongruenzen, wie sie der Situation des double-bind zugrundeliegen, zu überspielen und sich selbst in seinem Verhalten nicht anmerken zu lassen, vgl. Bateson u. a. (1969), S. 16 ff., Watzlawick u. a. (1969), S. 194 ff.

89 Vgl. Watzlawick u. a. (1969), S. 64. Für den Fall, daß die Inkongruenz seiner Mitteilungen von dem Geheimhaltenden selber wahrgenommen wird, kann er sich unter Umständen vor einem Verrat noch dadurch zu schützen versuchen, daß er sich der Verantwortlichkeit seines Verhaltens und damit dessen Handlungscharakter dadurch zu entziehen sucht, daß er sein Verhalten als unbeabsichtigt, zufällig oder bloß physiologisch bedingt erklärt; vgl. Goffman (1971), S. 200. – Auch kann man sich gelegentlich allein schon durch die Tatsache einer thematisierten Geheimhaltung ‚verraten', weil man damit ein allzu starkes Interesse an dem Thema bekundet.

90 Zur Routine als Voraussetzung alltäglichen Handelns vgl. Garfinkel (1964).

91 Und dennoch wird Spontaneität in einfachen Systemen häufig erwartet, so daß das nicht spontane Verhalten zumindest als spontan dargestellt werden muß; vgl. Goffman (1971), S. 24; zur besonderen Problematik und den Voraussetzungen spontanen Verhaltens siehe allgemein Goffman (1957), Luhmann (1965 a), (1966 c), S. 12, (1968 d), S. 101 f., Anm. 115, Burns (1953), S. 661; zur psychoanalytischen Dimension der Spontaneität vgl. Mitscherlich (1968), S. 102 f.

92 Vgl. Goffman (1971), S. 89.

93 Zur Invalidierung und weiteren Strategien, den anderen verrückt zu machen, vgl. Garfinkel (1964), S. 232 ff., Goffman (1956 a), Laing (1969 c), S. 30 ff., 50 ff., Searles (1969).

94 Siehe beispielsweise Asch (1969).

95 Wie überhaupt Angst, mangelndes Vertrauen und Furcht vor den Reaktionen der anderen die Entscheidung zur Geheimhaltung hochgradig zu beeinflussen vermögen. Eine derartige, auf Angst basierende Geheimhaltung kann ihrerseits wieder durch das Maß an Unsicherheit und Kontingenz, das sie impliziert, beim Partner Angst erzeugen; allgemein siehe Gibb (1964), vgl. Deutsch (1958), Luhmann (1968 a).

96 Siehe Luhmann (1971 h), S. 22.

97 Vgl. Bateson u. a. (1969), S. 22.

98 Zur Darstellungsentlastung durch Schlaf siehe Goffman (1969), S. 249, Anm. 47, Aubert/White (1968).

99 Durch nicht ausdrücklich thematisierte Geheimhaltung kann man gleichsam den vorhandenen Konsens testen, um dann bei unzureichendem Konsens entweder die Geheimhaltung nachträglich erneut – etwa als Scherz – zu modalisieren bzw. sich weiterhin zu reflexiver Geheimhaltung entschließen; auch erfordert eine derartige Geheimhaltung keine große Verbindlichkeit der Selbstdarstellung; vgl. Garfinkel (1964), S. 239, Newcomb u. a. (1965), S. 199.

100 Die besondere Funktion formalisierter Konflikte besteht darin, daß durch die Formalisierung ein Kampf der Mitglieder gegen das System grundsätzlich ausgeschlossen wird, und partieller Dissens innerhalb des Systems sich stets nur als eine Auseinandersetzung um Einfluß im System äußern kann; ausführlicher siehe Luhmann (1964 b), S. 239–251, vgl. Sievers (1971), S. 47 f.

101 Zum Systemcharakter des Verfahrens siehe Luhmann (1969 j); zur Geschichte als Struktur einfacher Systeme siehe Luhmann (1971 h), S. 10 ff. – Der spezielle Fall eines solchen Verfahrens zur Aufdeckung von Geheimnissen bei zwei einer gemeinsamen Straftat verdächtigten Angeklagten bildet den Ausgangspunkt einer Theorie der Spiele ohne Nullsummenkonstanz; zu diesem „Prisoners Dilemma" und den daran anschließenden spieltheoretischen Überlegungen siehe Rapoport (1965), (1969), S. 48 ff., vgl. Luhmann (1968 a), S. 21, Anm. 3; zur Spieltheorie allgemein siehe außer Neumann/Morgenstern (1944) auch Burger (1959), Deutsch (1969), S. 96–121, Greenblatt (1971), Lyman/Scott (1970), S. 29–69, Sauermann (1965), S. 46 ff.

102 Durch Moralisierung von Systemproblemen wird Kontingenz reduziert, indem den Handelnden durch die Unterstellung der Amoralität oder Unvernünftigkeit bestimmter Strategien und Reaktionsweisen die Möglichkeit alternativer Handlungsweisen genommen wird; vgl. Luhmann (1971 c), S. 4 ff., 9 f., (1971 h), S. 22 f.

103 Nach dem Kriterium der Anwesenheit vermögen einfache soziale Systeme auch ihre Umwelt zu differenzieren: „Anwesende Umwelt sind vor allem die im System handelnden Beteiligten mit ihren Überschußkapazitäten für unerwartbares Handeln; nichtanwesende Umwelt ist alles, was jenseits der Grenzen relevanter Wahrnehmung liegt." Luhmann (1971 h), S. 16, vgl. S. 15 ff.

104 Vgl. Luhmann (1971 a), S. 75.

105 Zur Funktion der Bekanntschaft in einfachen Systemen siehe ausführlicher Goffman (1971), S. 111–121, vgl. Luhmann (1971 h), S. 20, Anm. 36.

106 Unterstellter Konsens reicht für die Wahrung eines Geheimnisses in doppelter Hinsicht nicht aus: zum einen kann Geheimhaltung sich nicht mit einer generalisierten Unterstellung von Konsens begnügen, weil faktischer und fiktiver Konsens in bezug auf die Geheimhaltung nicht funktional äquivalent sind; zum anderen reicht die soziale Isolierung des verräterischen Abweichlers als Schutz des Geheimnisses nicht aus, weil ein Geheimnis häufig bereits aufgrund eines einzigen Verrates nicht mehr als Geheimnis gewahrt werden kann.

107 Vgl. Luhmann (1971 h), S. 20.

108 Zur Gesellschaft als sozialem System siehe Luhmann (1969 e), (1969 i), S. 136 f., vgl. Sievers (1971), S. 49 ff.

109 Wie gering die Möglichkeit des Informationsaustausches auch in weniger flüchtigen Begrüßungen ist, dazu vgl. etwa die kurze Szene bei Berne (1970), S. 43.

110 Zur Entlastung durch technischen Sinn vgl. Luhmann (1971 a), S. 66.

111 Im Vergleich zum *Struktur*wandel der Öffentlichkeit – dazu siehe z. B. Habermas (1968 a), Koselleck (1959) – fehlt weithin noch eine adäquate Analyse der Funktionen und des *Funktions*wandels der Öffentlichkeit; für den speziellen Fall des politischen Systems finden sich hierfür brauchbare Hinweise bei Luhmann (1970 d), an allgemeineren sozialpsychologischen Darstellungen von Privatheit und Intimität, auf die dafür zurückzugreifen wäre, siehe Coser (1961), Goldschmidt (1954), Lowenthal/Haven (1968), Schwartz (1968), Slater (1963), Stinchcombe (1963), Weitman (1970).

112 Als soziologischen Versuch zum Amtsgeheimnis siehe Wiebel (1970), allgemein vgl. vor allem Düwel (1965).

113 Zu einer Soziologie des Spieles und Spielens vgl. Bateson u. a. (1969), S. 12 f., Berlyne (1969), Berne (1970), Crespi (1968), Goffman (1961 a) (Fun in games), (1967 b) (Where the action is), Lyman/Scott (1970), S. 29–69; zur Übertragung spiel- und entscheidungstheoretischer Ansätze auf die internationale Politik siehe – im Zusammenhang zur Geheimhaltung – Deutsch (1969), Morgenstern (1962), Rapoport (1969).

114 Vgl. Lyman/Scott (1970), S. 33.
115 Zu dieser Transformation der Weltprobleme in Ersatzprobleme vgl. ausführlicher Sievers (1971), S. 32 ff.
116 Luhmann (1967 a), S. 625, ausführlicher siehe auch Luhmann (1964 b), S. 54 ff., vgl. Sievers (1971), S. 34 ff.
117 Vgl. z. B. Luhmann (1971 a), S. 75.
118 Zum sozialen Einfluß und der Möglichkeit seiner Generalisierung vgl. Sievers (1971), S. 40 ff. (dort auch weitere Hinweise).
119 Luhmann (1969 k), S. 393; zur Organisationssoziologie im Rahmen der hier zugrundeliegenden Theorie sozialer Systeme siehe allgemein Luhmann (1964 b), (1966 e), (1970 f), vgl. Sievers (1971), S. 43 ff.
120 Zur Funktion von Zwecken siehe ausführlicher Luhmann (1968 d), vgl. (1964 c).
121 Ausführlicher siehe Luhmann (1964 b), S. 190–206, vgl. auch (1968 h), (1969 a).
122 Zur Formalisierung von Einfluß siehe Luhmann (1964 b), S. 123–137; vgl. auch unten S. 54.
123 Zur Kommunikation in sozialen Organisationen vgl. Luhmann (1964 b), S. 90 ff., 190 ff., (1966 e), Sp. 1493, (1969 a), Sp. 833 ff., (1969 k), S. 396 f., (1970 f), S. 7 f.
124 Dazu vgl. Luhmann (1964 b), S. 197 ff.
125 Luhmann (1969 a), Sp. 837, vgl. Katz/Kahn (1966), S. 228.
126 Luhmann (1964 b), S. 270 f.
127 Luhmann (1964 b), S. 196.
128 Dazu vgl. oben S. 19 ff.
129 Vgl. beispielsweise Schnur (1966), S. 26 f.
130 Im Falle der monetären Auf- oder Abwertung setzt diese Adaptation selbstverständlich die im politischen System institutionalisierte Legitimität dieser Maßnahme voraus, wenngleich eine solche Konsensbasis in anderen Fällen nicht immer notwendig gegeben sein muß; eine plötzlich vor die Brust gehaltene Pistole kann auch dann ein wirksames Instrument zur Verhaltensänderung sein, wenn sie einem Verbrechen dient. – Welche Strategien dennoch möglich sind, angesichts von Überraschungen durch Verzögern Zeit zu gewinnen, zeigt Schnur (1966), S. 41 ff. am Beispiel von Parlamentsberatungen; zu den Problemen, die sich mit der Veröffentlichung von Innovationen stellen und zu den möglichen Strategien vgl. ebenda, S. 33 ff.
131 Glaser/Strauss – (1965 a), S. 139, 144 – weisen darauf hin, daß Ärzte und Schwestern gelegentlich zu dieser Strategie greifen, wenn von den Familienangehörigen eines sterbenden Patienten vermutet wird, daß für sie das Sterben ihres Angehörigen einen größeren Schock bedeuten würde als der unwiderruflich eingetretene Tod. Gleichzeitig trifft das Personal des Krankenhauses durch die zeitliche Verlagerung der Information damit die Lösung eines Problems, daß sich in der Sach- wie auch in der Sozialdimension als zu komplex erwiesen hätte.
132 Vor allem in formalen Organisationen zeigt sich ein empfindsames Gespür und eine entsprechende Reaktion, wenn andere Stellen, die von der künftigen Veränderung betroffen werden, nicht beizeiten an der Erarbeitung der Neuerung beteiligt werden oder zumindest ihre Stellungnahme dazu abgeben können; vgl. Luhmann (1964 b), S. 62 f., 145 ff.; zur Verheimlichung von Änderungen siehe auch S. 115; allgemein vgl. auch Schnur (1966), Thompson (1965). – Beispiele für ein partielles, systematisch gesteuertes Durchsickern von Informationen zum Zwecke der Nachfragevergrößerung und des Neuigkeitsinteresses lassen sich etwa für den Bereich der Automobilindustrie und deren modische Neuerungen zur Genüge aufzeigen.
133 Vgl. Luhmann (1969 d), S. 9. – Geheimhaltung und Vergessen sind nicht die einzigen Möglichkeiten, durch die die Vergangenheit eines Systems in ihrer Relevanz für die Gegenwart negiert werden kann. Auch in der Sachdimension beispielsweise kann ein System seine Vergangenheit irrelevant werden lassen, indem es bestimmte Momente oder Vorgänge seiner Biographie als Episode, verzeihliche Fehler oder Sünde deklariert; vgl. auch Luhmann (1970 f.), S. 22.
134 Die Verheimlichung systeminterner Knappheit an Liebe kann vor allem für jene Systeme erforderlich werden, die sich der Liebe bei ihrer Legitimierung und Außendarstellung gegenüber der Umwelt bedienen; beispielsweise bei charitativen Organisationen unterschiedlichen Genres. Die interne Knappheit an Liebe kann sich vor allem für jene Mitglieder als problematisch erweisen, die ihr eigenes Handeln durch Nächstenliebe und humanitäre

Hilfsbereitschaft legitimieren und entsprechende Verhaltensorientierungen für das Handeln der Organisation unterstellen, durch das faktische Handeln jedoch nur allzu oft mit der Realität konfrontiert werden, daß Liebe sich nämlich als organisationsinterne Rationalitätsgrundlage als untauglich erweist. Siehe hierzu etwa die Handlungsmotivationen und -legitimierungen von Sozialarbeitern und deren Ausbildern bei Weber (1971), allgemein vgl. auch Luhmann (1972 a) sowie ders. (1969 b).

135 Dazu vgl. Luhmann (1968 e).

136 Hierzu vgl. Nadelmann (1961), (1965).

137 Beispiele derartiger formaler Geheimhaltung der Entscheidungsfindung wären etwa die geheime richterliche Beratung (vgl. z. B. Luhmann (1969 j), S. 124, Lautmann (1970)) oder die Zensurenfindung bei den verschiedensten Hochschulprüfungen (dazu siehe etwa Lautmann (1970/71)).

138 Vgl. Luhmann (1969 j), S. 160, (1965 b), S. 148, 159.

139 Dazu siehe z. B. Aubert (1965), S. 288–310, vgl. auch Siberski (1967).

140 Die Literatur über geheime Gesellschaften ist seit der Jahrhundertwende überaus umfangreich; an neueren Darstellungen siehe etwa die Arbeiten von Anderson (1965), Chesnaux (1970), Habermas (1968 a), Hess (1970), Koselleck (1959), Lindig (1970), Ludz (1964), Lyman (1964), MacKenzie (1969), Monestier (1963), Schlesier (1955), (1958), Waider (1965).

141 Hierzu vergleiche wiederum den Fall, von dem Rourke (1961) berichtet, daß höher als erforderlich vorgenommene Geheimhaltungsklassifizierungen zwar im Hinblick auf die Organisationszwecke rational begründet und legitimiert werden können, daß sie faktisch jedoch nicht selten der Prestigeerhöhung dessen dienen, der die Klassifizierung vorzunehmen hat.

142 Formale Geheimnisse müssen nicht immer und notwendig zugleich auch vor der externen Umwelt einer Organisation in dem Sinne gewahrt bleiben, daß verhindert werden muß, daß Nichtmitglieder um den Geheimnisinhalt wissen. Wichtig ist häufig lediglich – und darin besteht die besondere Funktion formalisierter Geheimhaltungen –, daß die Verfügbarkeit über den Geheimnisinhalt ausgeschlossen ist. Nicht selten sind systeminterne Geheimhaltungsinteressen extern uninteressant und belanglos.

143 Zum Berufsgeheimnis vgl. Wiebel (1970).

144 Vgl. Luhmann (1964 b), S. 292.

145 Zur Funktion, die Fiktionen für die Ordnung von Kommunikationen in formalen Organisationen haben, vgl. Luhmann (1964 b), S. 278 ff.

146 Dazu vergl. allgemein Lautmann (1970).

147 Zu diesen unterschiedlichen Kommunikationsstrukturen vgl. Luhmann (1964 b), S. 198 f.

148 So sind mir beispielsweise bei der Interviewtätigkeit in einem größeren Werk Auskünfte vom Leiter der Expeditionsabteilung mit dem Hinweis auf mangelnde Befugnis verwehrt worden, die ich nicht nur von höheren Stellen ohne Zögern erhielt, sondern die teilweise sogar im Publikations- und Werbematerial der Firma frei verfügbar waren.

149 S. o., S. 55; zum Zusammenhang von Formalität und faktischem Verhalten vgl. ausführlicher Luhmann (1964 b), S. 268 ff.

150 Luhmann (1964 b), S. 271.

151 Luhmann (1964 b), S. 321.

152 Dazu vgl. Luhmann (1964 b), S. 283 ff.

153 Luhmann (1964 b), S. 281.

154 Zur Funktion von Cliquen in formalen Organisationen vgl. ausführlicher Luhmann (1964 b), S. 324 ff.

155 Luhmann (1964 b), S. 324.

156 Vgl. Luhmann (1964 b), S. 319.

157 Daß es sich bei derartigen brauchbaren Illegalitäten im Extremfall auch um kriminelles bzw. an Kriminalität grenzendes Verhalten handeln kann, zeigen Bensman/Gerver (1963) am Beispiel einer Flugzeugfabrik und Westley (1953), (1955/56) am Beispiel amerikanischer Polizisten; als Beispiel für die Verheimlichung brauchbarer Illegalitäten siehe allgemein auch Daheim (1958), vgl. Luhmann (1964 b), S. 313 f.

158 Vgl. Daheim (1958) sowie Luhmann (1964 b), S. 280.

159 Vgl. Watzlawick u. a. (1969), S. 50 ff.

160 Wie überhaupt die Diskussion um die Einführung von Großraumbüros in Verwaltungen – zumindest soweit sie in der Presse geführt wurde – das Moment brauchbarer bzw. notwendiger Illegalitäten und deren erschwerte Verheimlichung gegenüber der formalisierten

Kommunikations- und Ordnungsstruktur kaum beachtet wurde. Zentrale Punkte dieser Diskussion waren vielmehr die mögliche Optimierung des Kommunikationsflusses, Störungen durch Lärm, Wahrung von bzw. Verzicht auf Statusprivilegien oder die Steigerung der Kooperationsmöglichkeiten.

161 Vgl. Luhmann (1964 b), S. 280 f.; siehe auch das Beispiel des Informationsflusses über die Qualität eines Kantinenessens bei einer ‚Schleusung zu Berg', dem Informationsverlauf von unten nach oben, bei Reimann (1968), S. 163 f.; neben einer informalen Geheimhaltung müssen, wie Reimann andeutet, bei der Informationsselektion vertikaler Kommunikationen sicherlich auch andere Mechanismen wie etwa positionsgebundene Ansichten und Wahrnehmungsverzerrungen berücksichtigt werden.

162 Vgl. Luhmann (1964 b), S. 276 f.

163 Vgl. beispielsweise das Spiegelgespräch (1962); Ludz (1968), S. 1 f., 25–32 weist daraufhin, daß eine umfangreiche Geheimhaltung und Geheimbundmentalität offensichtlich als Strukturmerkmal innerhalb der marxistisch-leninistischen Verwaltungslehre gilt.

164 Dazu vgl. Luhmann (1970 f), S. 8. – Auf die Möglichkeit der instabilisierenden Funktion der Eigenkomplexitätserhöhung sozialer Systeme, die deren Selektionsleistung als Reduktion von Komplexität rückgängig zu machen vermag, weist besonders Habermas – (1970), Teil I, S. 6 f. – hin, vgl. ders. (1971 b).

165 Der funktional äquivalente Fall der Verlagerung von Folgeproblemen auf Individuen wird am Beispiel der Liebe besonders deutlich; vgl. dazu Luhmann (1969 h), S. 43 ff.

166 Vgl. Luhmann (1969 d), S. 16, Katz/Kahn (1966), S. 231 ff.

167 Vgl. beispielsweise Rourke (1961), S. 36.

167a Zum Begriff der Schwelle vgl. Luhmann (1968 a), S. 71.

168 Zum Mißtrauen als einem dem Vertrauen funktional äquivalenten Mechanismus der Komplexitätsreduktion siehe ausführlicher Luhmann (1968 a), S. 69–76.

169 Vgl. Luhmann (1968 a), S. 73.

170 Vgl. Luhmann (1968 a), S. 69. – Aus der Weckung des Mißtrauens und der damit verbundenen Unsicherheit und der zukünftiges Handeln blockierenden Ungewißheit mögen letztlich auch die sittliche Verwerflichkeit und der prinzipielle Argwohn, der gegenüber jeglicher Geheimhaltung besteht, resultieren. Dementsprechend ist die durch die Geheimhaltung verursachte Enttäuschungsreaktion im Alltag auch eher normativ. Für eine über das bloße Mißtrauen und eine damit verbundene Versagung hinausgehende kognitive Reaktion fehlt es vor allem einfacheren Systemen häufig an der notwendigen Komplexität. Davon abgesehen benötigt das System für eine dem Einzelfall adäquate kognitive Reaktion meist eine gewisse Zeitspanne, während der das Geheimnis entweder in seiner Relevanz abgenommen haben kann oder sich bereits erübrigt hat. Welche Techniken z. B. das Pflegepersonal in Krankenhäusern anstellen muß, damit sich ein durch eine Verheimlichung von Diagnosen hervorgerufener Verdacht auf seiten der Patienten nicht zum Mißtrauen verfestigt, zeigen Glaser/Strauss (1965 a), S. 34 ff.; zu den Strategien, die zusätzlich den Familienmitgliedern gegenüber anzuwenden sind, vgl. ebenda, S. 139 ff.

171 „Dazu dienen vor allem gewisse Formen der Darstellung oder der nachträglichen Erläuterung von Mißtrauensakten als unfreiwillige Handlungen, als sachlich interessierte Interventionen, als Fehler, als extern bedingte Störungen oder als aufgetragene Rollenpflichten." Luhmann (1968 a), S. 75.

172 Es scheint zur Eigenart von Gerüchten zu gehören, daß ihr spezieller Kommunikationsmodus sich mit zunehmender Häufigkeit der Mitteilung ihres Inhaltes allmählich verflüchtigt. Informationen, die anfangs noch unter dem Modus bloßer Phantasie und Vermutung kommuniziert wurden, können sich schließlich zu Wahrheitsaussagen verdichten, denen sich vernünftigerweise kaum jemand wird widersetzen können. Wenn solche Gerüchte den Charakter von "self-fulfilling"-bzw. "self-denying-prophecies" annehmen, kann im Extremfall selbst die Preisgabe jener geheimgehaltenen Informationen, für die das Gerücht die Ersatzsicherheit abgab, keine Verhaltenskorrektur mehr bewirken. Dieser Wandel des Kommunikationsmodus von Gerüchten wird beispielsweise bei Weltuntergangseuphorien deutlich, wie sie Festinger u. a. (1956) untersucht und beschrieben haben; vgl. auch die Beobachtungen von Dieck (1950).

173 Zur Abhängigkeit der Übernahme einer Information von der Glaubwürdigkeit des Informanten sind umfangreiche sozialpsychologische Experimente und Untersuchungen angestellt worden; vgl. etwa Irle (1969 a), S. 104, Haseloff (1969 b), S. 159, Reimann (1968), S. 98, Anm. 83.

174 Daß die Aufnahmebereitschaft für Gerüchte sich besonders in Krisenzeiten des Krieges

oder drohenden Weltunterganges enorm verstärkt, zeigt umso mehr die kompensatorische Funktion, die das Gerücht als Strategie der Sicherheitsherstellung hat. – In eben solchen Krisenzeiten haben dann auch die – vorwiegend sozialpsychologischen – Untersuchungen zur Funktion und Diffusion von Gerüchten stattgefunden; siehe z. B. Allport/Lepkin (1945), Allport/Postman (1946), (1948), Bysow (1928), Caplow (1947), Dröge (1970), Shibutani (1966), (1968); ein historisches Beispiel für die weitreichenden Folgen von Gerüchten stellen auch die Ereignisse der Novemberrevolution von 1918 dar, vgl. dazu Rost (1968). – Darstellungen und Hinweise zur Funktion von Gerüchten finden sich ferner bei Back u. a. (1950), Cicourel (1968), S. 333 f., Davis (1953), Dreitzel (1968), S. 211, Düwel (1965), S. 29, Fischer (1961), Friedrich (1943), S. 83 ff., Goldschmidt (1954), S. 411, Guetzkow (1965), S. 561 ff., Kühne (1958), S. 449 ff., Lerg (1970), Luhmann (1962 a), S. 11, (1962 c), S. 638.

175 Im Gegensatz zum Geheimnis ist eine direkte Formalisierung des Gerüchtes als Kommunikationsmodus nicht möglich; Gerüchte können allenfalls zum Inhalt oder auch zum Gegenstand formaler Kommunikationen werden. Darüber hinaus wäre die formale und auch informale Geheimhaltung von Gerüchten denkbar, wodurch vermutlich jedoch gerade eher die Diffusionsgeschwindigkeit des Gerüchtes erhöht werden mag, als daß seine Diffusion unterbunden oder begrenzt würde.

176 Trotz einer formal funktional differenzierten Systemstruktur kann sich bei verstärkter Geheimhaltung das faktische Handeln dennoch vorwiegend an einer internen segmentären Differenzierung orientieren.

177 Zur Funktion von Grenzstellen in Organisationen vgl. ausführlicher Luhmann (1964 b), S. 220 ff.

178 Besonders starke Auswirkungen zeigt diese Tendenz vor allem in der internationalen Sicherheitspolitik. So spricht z. B. Shils (1956), S. 235 von einer eher symbolischen Funktion der Geheimhaltung; auf dem Geheimhaltungsabusus in der atomaren Sicherheitspolitik weisen auch Baumgarten (1962), Chapman (1959), S. 321 f., Lapp (1953), S. 225, Morgenstern (1962), S. 215 ff., Rourke (1961) hin.

179 Allgemein vgl. dazu Luhmann (1964 b), S. 260 f., speziell zur Verringerung der Verbindlichkeit normativer Geheimhaltungserwartungen vgl. bereits Jastrow (1886), S. 1130.

180 Zum Begriff des Grenznutzens in der ökonomischen Theorie vgl. beispielsweise Sauermann (1965), S. 189 ff.

181 Siehe oben, S. 19 ff.

182 Vgl. Luhmann (1971 a), S. 35.

183 Hierzu vgl. Luhmann (1971 c), S. 2 ff.

184 Das schließt den funktional äquivalenten Fall einer Unsicherheitsabsorption durch Mißtrauen nicht aus; dazu vgl. oben, S. 74. Gelegentlich kann in einfachen Systemen Systemvertrauen auch von der Aktualisierung anderer Möglichkeiten entlasten und die Kontingenz des Erlebens verringern: Die Möglichkeit, daß der behandelnde Arzt gar keine Approbation besitzt, sondern sich seine Kenntnisse und Fertigkeiten lediglich als Krankenpfleger angeeignet hat, ist zwar ebenso wenig ausgeschlossen wie die, daß der Aushilfspostbote in den Ferien gar kein Student ist, sondern in erster Linie die Möglichkeiten für einen Einbruchsdiebstahl erkundet; auf die Aktualisierung dieser Möglichkeiten kann jedoch in der Regel verzichtet werden, weil sich für den Enttäuschungsfall auf die Wirksamkeit dafür vorgesehener Sanktionen vertrauen läßt.

185 „Erwartungsenttäuschungen (sind) ein wichtiger Anlaß zur Ausbildung von Reflexivverhältnissen." Luhmann (1966 c), S. 2 f.

186 Dazu vgl. wiederum Luhmann (1966 c).

187 Zur Täuschung und Lüge siehe ausführlicher den folgenden Abschnitt S. 88 ff.

188 Hierzu vgl. Schütz (1959).

189 Vgl. Luhmann (1971 a), S. 44 f.

190 Luhmann (1971 c), S. 8; zur Unterscheidung von Erleben und Handeln vgl. ders. (1971 a), S. 31 ff., 75 ff.

191 Luhmann (1968 a), S. 63.

192 Daß andererseits die reflexive Geheimhaltung Hand in Hand mit einer Verringerung von Handlungsmöglichkeiten geht, daß nämlich die Geheimhaltung einer Geheimhaltung notwendig zugleich auch wieder den Verzicht auf Handlungsmöglichkeiten impliziert, darf nicht übersehen werden.

193 Zur Reflexivität der Darstellung vgl. Luhmann (1966 c), S. 10 ff.

194 Auch eine einfache Geheimhaltung bedeutet insofern eine Täuschung, als ihr geheimgehal-

tener Sinn zugrundeliegen kann; zwar verheimlicht der Geheimhaltende nicht, daß er einen divergierenden Sinn aktualisiert, soweit die Geheimhaltung jedoch erfolgreich ist, bleibt dieser Sinn jedoch der Aktualisierung durch andere entzogen.

195 Vgl. Bateson u. a. (1969), S. 13.

196 Gewißheit der Irrelevanz divergierender Sinnaktualisierungen bzw. die Negation ihres manipulativen Charakters auf seiten des Interaktionspartners ist dafür ausreichend, weil die Möglichkeit anderweitiger, der Wahrnehmung des anderen entzogener Sinnaktualisierungen sich in gemeinsamen Handlungssituationen nie mit Gewißheit wird ausschließen lassen und sich in der Regel auch nicht störend auf das gemeinsame Handeln auswirken muß; als ein Beispiel für derartige divergierende Sinnaktualisierungen vgl. Schatzman/Strauss (1955).

197 Die Retention muß, wie Stok es ausdrückt, einen Überbau erhalten; siehe Stok (1929), S. 17. – Zu einer Soziologie der Lüge siehe allgemein Geiger (1968), S. 23 ff., Plaut (1927 c), Ross (1926), S. 560 ff., Simmel (1908 a), S. 340 ff., Stern (1909), Thurnwald (1927), Weinrich (1966).

198 Im Unterschied zu einer auf reziproker Wahrnehmung beruhenden Kommunikation bedeutet die Sprache eine Selektivitätsverstärkung; sie erlaubt, Sinn „zum Inhalt von Bewußtseinsprozessen" zu machen; Sinn kann so „die Selektivität von Sinn noch regulieren"; Luhmann (1971 a), S. 43 f.

199 Vgl. Luhmann (1968 a), S. 65.

200 Siehe Berger (1969), S. 166.

201 Stok (1929), S. 49 weist darauf hin, daß der Täuschende wohl über die Fakten täuschen kann, nicht aber über deren formal-logische Verknüpfung. „Das Lügengewebe ist kausal angeordnet, es ist ein Kausalgewebe." Vgl. auch Aubert (1965), S. 89.

202 Vgl. Stok (1929), S. 47 ff.; zum ‚Spiel ohne Ende' siehe Watzlawick u. a. (1969), S. 216 ff.

203 Zur Notwendigkeit des Gedächtnisses für die Täuschung vgl. Goffmann (1967 a), S. 83 f., Strauss (1968), S. 31 ff.

204 Dazu vgl. Stok (1929), S. 34 f.

205 Das zeigen Berger/Kellner (1965) beispielsweise recht deutlich für den Fall der Ehe und der sich in ihr vollziehenden Interpretation der Vergangenheit im Prozeß der Wirklichkeitskonstruktion der Partner.

206 Kommt es aufgrund eines Verdachtes zu einem Verfahren gegen den Täuschenden mit dem Ziel, ihn der Täuschung zu überführen, so bedeutet das für den Täuschenden einen erheblichen Komplexitätszuwachs: Zusätzlich zu seiner eigenen verheimlichten Vergangenheit sowie der gewählten täuschenden Darstellung muß der Täuschende dann nämlich noch als dritte Vergangenheit die Geschichte des Verfahrens gegen sich selbst kontrollieren; zur Komplexität des Verfahrens siehe allgemein Luhmann (1969 j), S. 38 ff. – In diesem Kontext auch S. 44, 93.

207 Weinrich (1966), S. 38, vgl. Goffman (1967 a), S. 96, Henslin (1968), S. 143; daß andererseits auch Täuschung durch Affirmation möglich ist, zeigt z. B. Modelmog (1970), S. 44 ff.

208 Vgl. Luhmann (1968 a), S. 62.

209 Als Beispiel für die Nichtzurechenbarkeit von Täuschungsfolgen siehe etwa Modelmogs – (1970), S. 46 – Hinweise auf die Losverteilung der öffentlichen Hochzeiten in Platons ‚Staat'. Die Verantwortlichen des Staates entziehen sich der Rechenschaft dadurch, daß niemand weiß, daß sie – und nicht wie allgemein verkündet Fortuna – es sind, die die Ehepartner auswählen. – Vgl. ferner Scott/Lyman (1968 a), S. 48, Plaut (1927 c), S. 485, Goffman (1969), S. 58, Glaser/Strauss (1965 a), S. 240 ff.

210 Vgl. Luhmann (1968 a), S. 62.

211 Vgl. Simmel (1908 a), S. 342 f.

212 Vgl. Luhmann (1969 c), Scott/Lyman (1968 a).

213 Zur Zerbrechlichkeit des Vertrauens vgl. auch Luhmann (1968 a), S. 27 f. – Der Lüge kommt in sozialen Kontakten eine Schwellenfunktion zu; während die gemeinsame Vertrauensgrundlage gegenüber einem nicht allzu genauen Umgehen mit der Wahrheit indifferent ist, wird diese durch eine explizite Lüge doch stark in Frage gestellt; zum Begriff der Schwelle vgl. auch ausführlicher ebda., S. 71.

214 Vgl. Luhmann (1968 a), S. 62, Plaut (1927 c), S. 485. – Daß die Täuschung keineswegs ein Privileg des homo sapiens ist, dazu siehe etwa Wickler (1969), S. 27.

215 Selbst bei verheimlichten Gedanken ist nicht immer auszuschließen, daß der Geheimhaltende durch sein unbewußtes Verhalten den Kommunikationspartnern mehr Aufschluß über sich selbst und seine Aktualisierungen gibt, als er zu geben bereit ist.

216 Vgl. Luhmann (1968 a), S. 64 ff.
217 Vgl. Luhmann (1968 a), S. 22.
218 Luhmann (1968 a), S. 31
219 Vgl. Luhmann (1968 a), S. 32

Literaturverzeichnis

Ahrens, Jörn Hans Peter (1966), Der Begriff des Staatsgeheimnisses im deutschen und ausländischen Staatsschutzrecht, Hamburg.
Allport, Floyd H./Milton Lepkin (1945), Wartime Rumor of Waste and Privilege: Why Some People Believe Them, Journal of Abnormal and Social Psychology 40, S. 3–36.
Allport, Gordon W./Leo Postman (1946), An Analysis of Rumor, Public Opinion Quarterly 10, S. 501–517.
–, (1948), The Psychology of Rumor, New York.
Anderson, Robert T. (1965), From Mafia to Cosa Nostra, American Journal of Sociology 71, S. 302–310.
Arndt, Adolf (1966), Landesverrat, Neuwied, Berlin.
Arnold, Uwe (1971), Über die Abhängigkeit von sozialen Modellen, Gruppendynamik 2, S. 71–82.
Asch, Solomon E. (1969), Änderung und Verzerrung von Urteilen durch Gruppen-Druck, in: Martin Irle (Hrsg.), Texte aus der experimentellen Sozialpsychologie, Neuwied, Berlin, S. 57–73.
Aubert, Vilhelm (1965), The Hidden Society, Totowa, N. J.
–, Harrison White (1968), Sleep: A Sociological Interpretation, in: Truzzi (1968), S. 325–345 [repr. from: Acta Socioligica 4, No. 2 (1959), S. 46–54 und 4, No. 3 (1959), S. 1–16; auch in Aubert (1965)].

Back, K./L. Festinger u. a. (1950), The Methodology of Studying Rumor Transmission, Human Relations 3, S. 307–312.
Ball, Donald W. (1968), Toward a Sociology of Telephones and Telephoners, in: Truzzi (1968), S. 59–75.
Bateson, Gregory/Don D. Jackson/Jay Haley/John W. Weakland (1969), Auf dem Weg zu einer Schizophrenie-Theorie, in: Schizophrenie und Familie, Frankfurt, S. 11–43.
Baumgarten, Eduard (1962), Geheimniskrämerei – wozu? Im Atomzeitalter hat die überlieferte Geheimhaltungstechnik ihren Sinn verloren, Die ZEIT 17, Nr. 48, S. 5.
Becher, Heribert J. (1971), Georg Simmel, Die Grundlagen seiner Soziologie, Stuttgart.
Bensman, Joseph/Israel Gerver (1963), Crime and Punishment in the Factory: The Function of Deviancy in Maintaining the Social System, American Sociological Review 28, S. 588–598.
Berger, Peter L. (1969), Einladung zur Soziologie, Eine humanistische Perspektive, Olten, Freiburg.
–, Hansfried Kellner (1965), Die Ehe und die Konstruktion der Wirklichkeit. Eine Abhandlung zur Mikrosoziologie des Wissens, Soziale Welt 16, S. 220–235.
Berlyne, D. E. (1969), Laughter, Humor and Play, in: Gardner Lindzey, Elliot Aronson (Hrsg.), The Handbook of Social Psychology, Bd. III, The Individual in a Social Context, Reading, Mass., etc. (2. Aufl.), S. 795–852.
Berndt, Heide (1967), Zur Soziogenese psychiatrischer Erkrankungen. Familiendynamische Aspekte der Schizophrenieforschung, in: Alexander Mitscherlich u. a. (Hrsg.), Der Kranke in der modernen Gesellschaft, Köln und Berlin, S. 454–482.
Berne, Eric (1970), Spiele der Erwachsenen. Psychologie der menschlichen Beziehungen, Reinbek bei Hamburg.
Bernsdorf, Wilhelm (Hrsg.) (1959), Internationales Soziologenlexikon, Stuttgart.
Burger, Ewald (1959), Einführung in die Theorie der Spiele. Mit Anwendungsbeispielen insbesondere aus Wirtschaftslehre und Soziologie, Berlin.
Burke, Kenneth (1968), Dramatism, in: International Encyclopaedia of the Social Sciences, Bd. 7, S. 445–452.

Burns, Tom (1953), Friends, Enemies and the Polite Fiction, American Sociological Review 18, S. 654–662.
Bysow, L. A. (1928), Gerüchte, Kölner Vierteljahreshefte für Soziologie 7, S. 301–308, 416–426.

Caplow, Theodore (1947), Rumors in War, Social Forces 25, S. 298–302.
Chapman, Brian (1959), The profession of Government, The Public Service in Europe, London.
Chesnaux, Jean (1970), Chinese Secret Societies in the 19th and 20th Centuries, London.
Chomsky, Noam (1969), Aspekte der Syntax-Theorie, Frankfurt/Berlin.
Cicourel, Aaron V. (1968), The Social Organization of Juvenile Justice, New York.
Coreth, Emerich (1964), Metaphysik. Eine Methodisch-Systematische Grundlegung, Innsbruck, Wien, München.
Coser, Rose Laub (1960), Laughter among Colleagues. A Study of the Social Functions of Humor Among the Staff of a Mental Hospital, Psychiatry 23, S. 81–95.
–, (1961), Insulation from Observability and Types of Social Conformity, American Sociological Review 26, S. 28–39.
Crespi, Irving (1968), The Social Significance of Card Playing as a Leisure Time Activity, in: Truzzi (1968), S. 101–108 (repr. from: American Sociological Review 21 (1956), S. 717–S. 721).
Cumming, John/Elaine Cumming (1962), Ego and Milieu. Theory and Practice of Environmental Therapy, New York.

Daheim, Hansjürgen (1958), Desorganisationsprozesse in einem Bürobetrieb, Kölner Zeitschrift für Soziologie und Sozialpsychologie 10, S. 256–271.
Davis, Fred (1961), Deviance Disavowal: The Management of Strained Interaction by the Visibly Handicapped, Social Problems 9, S. 120–132.
Davis, Keith (1953), Management Communication and the Grapevine, Harvard Business Review 31, S. 43–49.
Deutsch, Karl W. (1969), Politische Kybernetik. Modelle und Perspektiven, Freiburg.
Deutsch, Morton (1958), Trust and Suspicion, The Journal of Conflict Resolution 2, S. 265–S. 279.
–, (1960), The Effect of Motivational Orientation upon Trust and Suspicion, Human Relations 13, S. 123–139.
Dieck, Alfred (1950), Der Weltuntergang am 17. März 1949 in Südhannover: Ein Beitrag zur Erforschung von Gerüchten, Neues Archiv für Niedersachsen 20, S. 704–720.
Dreitzel, Hans P. (1968), Die gesellschaftlichen Leiden und das Leiden an der Gesellschaft. Vorstudien zu einer Pathologie des Rollenverhaltens, Stuttgart.
Dröge, Franz (1970), Der zerredete Widerstand. Zur Soziologie und Publizistik des Gerüchtes im 2. Weltkrieg, Düsseldorf.
Düwel, Peter (1965), Das Amtsgeheimnis, Berlin.

Feer, Hans (1970), Kybernetik in der Psychiatrie. Schizophrenie und Depression, München.
Festinger, Leon/H. B. Gerard/B. Hymovitch/H. H. Kelley/B. Raven (1952), The Influence in the Presence of Extreme Deviates, Human Relations 5, S. 327–346.
–, Henry W. Riecken/Stanley Schachter (1956), When Prophecy Fails. An Account of a Modern Group that predicted the Destruction of the World, Minneapolis.
Freedman, Jonathan L./J. Merril Carlsmith/David O. Sears (1970), Social Psychology, Englewood Cliffs, N. J.
Friedrich, Carl J. (1943), Issues of Informational Strategy, Public Opinion Quarterly 7, S. 77–S. 89.
Furth, Peter (1971), Zur Kritik der Rollentheorie. Nachträgliche Warnung vor dem Rollenbegriff, Rundfunkmanuskript, Köln.

Galtung, Johan (1959), Expectations and Interaction Processes, Inquiry 2, S. 213–234.
Garfinkel, Harold (1963), A Conception of and Experiments with "Trust" as a Condition of Stable Concerted Actions, in: O. J. Harvey (Hrsg.), Motivation and Social Interaction: Cognitive Determinants, New York, S. 187–238.
Geiger, Theodor (1968), Ideologie und Wahrheit. Eine soziologische Kritik des Denkens, Neuwied, Berlin (2. Aufl.).

Gibb, Jack R. (1964), Climate for Trust Formation, in: Leland P. Bradford/Jack R. Gibb/ Kenneth P. Benne, T-Group Theory and Laboratory Method, New York, London, Sidney.
Glaser, Barney B./Anselm L. Strauss (1964), Awareness Contexts and Social Interaction, American Sociological Review 29, S. 669–679.
–, (1965 a), Awareness of Dying, Chicago.
–, (1965 b), Temporal Aspects of Dying as a Nonscheduled Statuspassage, American Journal of Sociology 71, S. 48–59.
–, (1968), Time for Dying, Chicago.
Goffman, Erving (1955), On Face-Work. An Analysis of Ritual Elements in Social Interaction, Psychiatry 18, S. 213–231 (repr. in: Alfred L. Lindesmith/Anselm L. Strauss (1969), S. 262–281).
–, (1956 a), Embarassement and Social Organization, American Journal of Sociology 62, S. 264–271.
–, (1956 b), The Nature of Deference and Demeanor, The American Anthropologist 58, S. 473–502.
–, (1957), Alienation from Interaction, Human Relations 10, S. 47–59.
–, (1961 a), Encounters. Two Studies in the Sociology of Interaction, Indianapolis, Ind.
–, (1961 c), On the Characteristics of total Institutions: Staff-inmate Relations, in: Donald R. Cressey (Hrsg.), The Prison. Studies in Institutional Organization and Change, New York, S. 68–106.
–, (1963), Behaviour in Public Places: Notes on the Social Organization of Gatherings, New York, London.
–, (1967 a), Stigma. Über Techniken der Bewältigung beschädigter Identität, Frankfurt.
–, (1967 b), Interaction Ritual: Essays on Face-to-Face Behavior, Garden City, N. Y.
–, (1969), Wir alle spielen Theater. Die Selbstdarstellung im Alltag, München.
–, (1971), Verhalten in sozialen Situationen. Strukturen und Regeln der Interaktion im öffentlichen Raum, Gütersloh (Deutsche Übersetzung von Goffman (1963)).
Goldschmidt, Maure L. (1954), Publicity, Privacy and Secrecy, The Western Political Quarterly 7, S. 401–416.
Greenblatt, Cathy S. (1971), Simulations, Games, and the Sociologist, The American Sociologist 6, S. 161–164.
Guetzkow, Harold (1965), Communications in Organizations, in: James G. March (Hrsg.), Handbook of Organizations, Chicago, S. 534–573.

Habermas, Jürgen (1968 a), Strukturwandel der Öffentlichkeit. Untersuchungen zu einer Kategorie der bürgerlichen Gesellschaft, Neuwied, Berlin (3. Aufl.).
–, (1970), Einige Fragen an Niklas Luhmann, Manuskript, Frankfurt.
–, (1971 a), Vorbereitende Bemerkungen zu einer Theorie der kommunikativen Kompetenz, in: Habermas/Luhmann (1971), S. 101–141.
–, (1971 b), Theorie der Gesellschaft oder Sozialtechnologie? Eine Auseinandersetzung mit Niklas Luhmann, in: Habermas/Luhmann (1971), S. 142–290.
–, Niklas Luhmann (1971), Theorie der Gesellschaft oder Sozialtechnologie – Was leistet die Systemforschung?, Frankfurt.
Haley, Jay (1969), Die Interaktion von Schizophrenen, in: Schizophrenie und Familie, Frankfurt, S. 81–107.
Haseloff, Otto Walter (Hrsg.) (1969 a), Kommunikation, Berlin.
–, (1969 b), Über Wirkungsbedingungen politischer und werblicher Kommunikation, in: Ders. (1969 a), S. 151–187.
Hawthorn, H. B. (1956), A Test of Simmel on the Secret Society: The Donkhobers of British Columbia, American Journal of Sociology 62, S. 1–7.
Haystedt, Jennifer (1971), Social Structure, Awareness Contexts, and Processes of Choice, Sociological Review 19, S. 79–94.
Hazelrigg, Lawrence E. (1969), A Reexamination of Simmel's "The Secret and the Secret Society". Nine Propositions, Social Forces 47, S. 323–330.
Henslin, James M. (1968), Trust and the Cab Driver, in: Truzzi (1968), S. 138–158.
Hess, Henner (1970), Mafia, Tübingen.
Hofer, G. (1964), Geheimnis und Verheimlichung, Confinia Psychiatrica 7, S. 234–258.

Ichheiser, Gustav (1949 a), Misunderstandings in Human Relations. A Study in False Social Perception, Chicago (Sonderheft zum Jg. 55 des American Journal of Sociology).

Irle, Martin (1969 a), Gruppendynamik und Kommunikation, in: Haseloff (1969 a), S. 100–107.

Jastrow (1886), Der deutsche Gesetzentwurf betreffend die unter Ausschluß der Öffentlichkeit stattfindenden Gerichtsverhandlungen, Jahrbuch für Gesetzgebung, Verwaltung und Volkswirtschaft im Deutschen Reich 10, S. 1109–1134.

Katz, Daniel/Robert L. Kahn (1966), The Social Psychology of Organizations, New York, London, Sidney.
Klaus, Georg (Hrsg.) (1969), Wörterbruch der Kybernetik, Frankfurt, Hamburg.
Klug, Ulrich (1965), Presseschutz im Strafprozeß. Ein Rechtsgutachten im ‚Spiegel'-Verfahren, Berlin, Neuwied.
Koselleck, Reinhart (1959), Kritik und Krise. Ein Beitrag zur Pathogenese der bürgerlichen Welt, Freiburg, München.
Krappmann, Lothar (1971), Neuere Rollenkonzepte als Erklärungsmöglichkeit für Sozialisationsprozesse, betrifft: erziehung 4, S. 27–34.
Kühne, Otto (1958), Allgemeine Soziologie. Lebenswissenschaftlicher Aufriß ihrer Grundprobleme, 1. Hlbbd., Berlin.

Laing, Ronald D. (1969 b), Mystifizierung, Konfusion und Konflikt, in: Schizophrenie und Familie, Frankfurt, S. 274–304.
–, (1969 c), Phänomenologie der Erfahrung, Frankfurt.
–, H. Phillipson/A. R. Lee (1971), Interpersonelle Wahrnehmung, Frankfurt.
Lapp, Ralph E. (1953), The New Force. The Story of Atoms and People, New York.
Lautmann, Rüdiger (1970), Rolle und Entscheidung des Richters – Ein soziologischer Problemkatalog, in: Rüdiger Lautmann, Werner Maihöfer, Helmut Schelsky (1970), S. 381–416.
–, (1970/71), Prüfung und Herrschaft, Soziale Welt 21/22, S. 360–375.
–, Werner Maihöfer/Helmut Schelsky (Hrsg.) (1970), Die Funktion des Rechts in der modernen Gesellschaft, Jahrbuch für Rechtssoziologie und Rechtstheorie, Bd. I, Bielefeld.
Lerg, Winfried B. (1970), Das Gespräch. Theorie und Praxis der unvermittelten Kommunikation, Düsseldorf.
Lindesmith, Alfred R./Anselm L. Strauss (Hrsg.) (1969), Readings in Social Psychology, New York etc.
Lindig, Wolfgang (1970), Geheimbünde und Männerbünde der Prärie- und der Waldindianer Nordamerikas. Untersucht am Beispiel der Omaha und Irokesen, Wiesbaden.
Lowenthal, Marjorie Fike/Clayton Haven (1968), Interaction and Adaption. Intimacy as a Critical Variable, American Sociological Review 33, S. 20–30.
Ludz, Peter Christian (1964), Ideologie, Intelligenz und Organisation. Bemerkungen über ihren Zusammenhang in der frühbürgerlichen Gesellschaft, Jahrbuch für Sozialwissenschaft 15, S. 82–114.
–, (1968), Parteielite im Wandel. Funktionsaufbau, Sozialstruktur und Ideologie der SED-Führung. Eine empirisch-systematische Untersuchung, Köln, Opladen.
Luhmann, Niklas (1962 a), Der neue Chef, Verwaltungsarchiv 53, S. 11–24.
–, (1962 b), Wahrheit und Ideologie. Vorschläge zur Wiederaufnahme der Diskussion, Der Staat 1, S. 431–448.
–, (1962 c), Funktion und Kausalität, Kölner Zeitschrift für Soziologie und Sozialpsychologie 14, S. 617–644.
–, (1964 a), Lob der Routine, Verwaltungsarchiv 55, S. 1–33.
–, (1964 b), Funktionen und Folgen formaler Organisation, Berlin.
–, (1964 c), Zweck-Herrschaft-System. Grundbegriffe und Prämissen Max Webers, Der Staat 3, S. 129–158.
–, (1965 a), Spontane Ordnungsbildung, in: Morstein Marx (1965 a), S. 163–183.
–, (1965 b), Grundrechte als Institution. Ein Beitrag zur politischen Soziologie, Berlin.
–, (1966 c), Reflexive Mechanismen, Soziale Welt 17, S. 1–23.
–, (1966 e), Organisation, soziologisch, in: Evangelisches Staatslexikon, Stuttgart, Berlin, Sp. 1410–1414.
–, (1967 a), Soziologie als Theorie sozialer Systeme, Kölner Zeitschrift für Soziologie und Sozialpsychologie 19, S. 615–644.
–, (1968 a), Vertrauen. Ein Mechanismus der Reduktion sozialer Komplexität, Stuttgart.
–, (1968 d), Zweckbegriff und Systemrationalität. Über die Funktion von Zwecken in sozialen Systemen, Tübingen.

Luhmann, Niklas (1968 e), Die Knappheit der Zeit und die Vordringlichkeit des Befristeten, Die Verwaltung 1, S. 3–30.
–, (1968 h), Die Programmierung von Entscheidungen und das Problem der Flexibilität (Gekürzte Fassung von Luhmann (1964 a)), in: Renate Mayntz (Hrsg.), Bürokratische Organisation, Köln, Berlin, S. 324–342.
–, (1968 i), Soziologie des politischen Systems, Kölner Zeitschrift für Soziologie und Sozialpsychologie 20, S. 705–733.
–, (1969 a), Kommunikation, soziale, in: Erwin Grochla (Hrsg.), Handwörterbuch der Organisation, Stuttgart, Sp. 831–838.
–, (1969 b), Liebe als Passion, Manuskript, Dortmund.
–, (1969 c), Normen in soziologischer Perspektive, Soziale Welt 20, S. 28–48.
–, (1969 d), Sinn als Grundbegriff der Soziologie, Manuskript, Dortmund (überarbeitete Fassung in Habermas/Luhmann (1971), siehe Luhmann (1971 a)).
–, (1969 e), Moderne Systemtheorien als Form gesamtgesellschaftlicher Analyse, in: Spätkapitalismus oder Industriegesellschaft? Verhandlungen des 16. Deutschen Soziologentages Frankfurt 1968, Stuttgart, S. 253–266.
–, (1969 h), Wirtschaft als soziales System, Manuskript, Dortmund.
–, (1969 i), Die Praxis der Theorie, Soziale Welt 20, S. 129–144.
–, (1969 j), Legitimation durch Verfahren, Neuwied, Berlin.
–, (1969 k), Gesellschaftliche Organisationen, in: Erziehungswissenschaftliches Handbuch, hg. von Thomas Ellwein, Hans-Hermann Groothoff, Hans Rauschenberger und Heinrich Roth, Berlin, S. 387–407.
–, (1970 a), Positivität des Rechts als Voraussetzung einer modernen Gesellschaft, in: Rüdiger Lautmann, Werner Maihöfer, Helmut Schelsky (1970), S. 175–202.
–, (1970 d), Öffentliche Meinung, Politische Vierteljahresschrift 11, S. 2–28.
–, (1970 f), Allgemeines Modell organisierter Sozialsysteme, Manuskript, Bielefeld.
–, (1971 a), Sinn als Grundbegriff der Soziologie, in: Habermas/Luhmann (1971), S. 25–100.
–, (1971 b), Systemtheoretische Argumentation. Eine Entgegnung auf Jürgen Habermas, in: Habermas/Luhmann (1971), S. 291–405.
–, (1971 c), Die Risiken der Wahrheit und die Perfektion der Kritik, Manuskript, Bielefeld.
–, (1971 h), Einfache Sozialsysteme, Manuskript, Bielefeld (Zeitschrift für Soziologie 1 (1972), S. 51–65).
–, (1972 a), Funktionen des Helfens im Wandel gesellschaftlicher Bedingungen, in: Gesellschaftliche Perspektiven der Sozialarbeit, Neuwied, Berlin.
Lyman, Stanford M. (1964), Chinese Secret Societies in the Occident, Canadian Review of Sociology and Anthropology 1, S. 79–102.
–, Marvin B. Scott (1968 b), Coolness in Everyday Life, in: Truzzi (1968), S. 92–101 (wieder in: Lyman/Scott (1970), S. 145–157).

MacKenzie, Norman (Hrsg.) (1969), Geheimgesellschaften, Genf.
McCall, George J./J. L. Simmons (1966), Identities and Interactions: An Examination of Human Association in Everyday Life, New York.
Messinger, Sheldon L./Harald Sampson/Robert D. Towne (1968), Life as Theater: Some Notes on the Dramaturgic Approach to Social Reality, in: Truzzi (1968), S. 7–18 (repr. from: Sociometry 25 (1962), S. 98–110).
Mitscherlich, Alexander (1968), Aggression und Anpassung, in: Aggression und Anpassung in der Industriegesellschaft, Frankfurt, S. 80–127.
Modelmog, Ilse (1970), Die andere Zukunft. Zur Publizistik und Soziologie der utopischen Kommunikation, Düsseldorf.
Monestier, Marianne (1963), Les sociétés secrètes féminines, Paris.
Moore, Wilbert E./Melvin M. Tumin (1949), Some Social Functions of Ignorance, American Sociological Review 14, S. 787–795.
Morgenstern, Oscar (1962), Strategie – heute, Frankfurt.
Morstein Marx, Fritz (Hrsg.) (1965 a), Verwaltung: Eine einführende Darstellung, Berlin.

Nadelmann, Kurt H. (1961), Das Minderheitsvotum im Kollegialgericht – Bekanntgabe oder Geheimhaltung?, Archiv des öffentlichen Rechts 86, S. 39 ff.
–, (1965), Die Geheimhaltung von Minderheitsvoten in den Verfassungsgerichten Italiens und der Bundesrepublik Deutschland, Archiv des öffentlichen Rechts 90, S. 440–451.
Naegele, Kaspar D. (1956), Rezension von Goffman (1969), American Sociological Review 21, S. 631 f.

Neumann, John von/Oscar Morgenstern (1944), Theory of Games and Economic Behavior, Princeton.
Newcomb, Theodore M./Ralph H. Turner/Philip E. Converse (1965), Social Psychology. The Study of Human Interaction, New York etc.

Plaut, Paul (1927 c), Die Lüge in der Gesellschaft, in: Otto Lippmann/Paul Plaut (Hrsg.), Die Lüge in psychologischer, philosophischer, juristischer, pädagogischer, historischer, soziologischer, sprach- und literaturwissenschaftlicher und entwicklungsgeschichtlicher Betrachtung, Leipzig, S. 482–504.
Rahner, Karl (1959), Über den Begriff des Geheimnisses in der katholischen Theologie. Drei Vorlesungen, in: Der beständige Aufbruch. Festschrift für Erich Przywara, hrsg. von Siegfried Behn, Bd. 1, Nürnberg, S. 181–216.
–, Herbert Vorgrimler (1963), Kleines Theologisches Wörterbuch, Freiburg (3. Aufl.).
Rapoport, Anatol (1969), Strategy and Conscience, New York.
–, Albert M. Chammak (1965), Prisoner's Dilemma: A Study in Conflict and Cooperation, Ann Arbor, Mich.
Reimann, Horst (1968), Kommunikationssysteme. Umrisse einer Soziologie der Vermittlungs- und Mitteilungsprozesse, Tübingen.
Ross, Edward Alsworth (1926), Das Buch der Gesellschaft, Grundlagen der Soziologie und Sozialreform, Karlsruhe.
Rost, Alexander (1968), Als die Matrosen meuterten, Die ZEIT 23, Nr. 42, S. 9.
Rourke, Francis E. (1961), Secrecy and Publicity. Dilemmas of Democracy, Baltimore.

Sauermann, Heinz (1965), Einführung in die Volkswirtschaftslehre, Bd. I, Wiesbaden.
Schatzman, Leonard/Anselm L. Strauss (1955), Social Class and Modes of Communication, American Journal of Sociology 60, S. 329–338.
Schein, Edgar H. (1969), Process Consultation: Its Role in Organization Development, Reading, Mass.
Schizophrenie und Familie (1969), Beiträge zu einer neuen Theorie, Frankfurt.
Schlesier, Erhard (1955), Männerbund und Geheimbund in Melanesien, in: Von fremden Völkern und Kulturen. Hans Plischka zum 65. Geburtstage, Düsseldorf, S. 237–243.
–, (1958), Die Melanesischen Geheimkulte. Untersuchungen über ein Grenzgebiet der ethnologischen Religions- und Gesellschaftsforschung und zur Siedlungsgeschichte Melanesiens, Göttingen, Berlin, Frankfurt.
Schmid, Richard (1962), Der Geheimnisbegriff muß eingeschränkt werden, Die ZEIT 17, Nr. 50, S. 4.
Schnur, Roman (1966), Strategie und Taktik bei Verwaltungsreformen, Baden-Baden.
Schütz, Alfred (1959), Tiresias, or our Knowledge of Future Events, Social Research 26, S. 71–89 (wieder in: Ders. (1964 ff.), Bd. II, S. 277–293).
–, (1960), Der sinnhafte Aufbau der sozialen Welt. Eine Einleitung in die verstehende Soziologie, Wien (2. Aufl.).
–, (1964 ff.), Collected Papers, 3. Bde., The Hague.
Schwartz, Barry (1968), The Social Psychology of Privacy, American Journal of Sociology 73, S. 741–752.
Scott, Marvin B./Stanford M. Lyman (1968 a), Accounts, American Sociological Review 33, S. 46–62 (repr. in: Lyman/Scott (1970), S. 111–143).
–, (1968 b), Paranoia, Homosexuality and Game Theory, Journal of Health and Social Behaviour 9, S. 179–187 (repr. in: Lyman/Scott (1970), S. 71–88).
Searles, Harold F. (1969), Das Bestreben, den anderen verrückt zu machen. – Ein Element in der Äthiologie und Psychotherapie der Schizophrenie, in: Schizophrenie und Familie, Frankfurt, S. 128–167.
Secord, Paul F./Carl W. Backman (1964), Social Psychology, New York etc.
Seeman, Melvin (1964), Rezension von Goffman (1967 a), American Sociological Review 29, S. 770 f.
Shibutani, Tomatsu (1961), Society and Personality. An Interactionist Approach to Social Psychology, Englewood Cliffs, N. J.
–, (1966), Improvised News: A Sociological Study of Rumor, Indianapolis.
–, (1968), Rumor, in: International Encyclopaedia of the Social Sciences, Bd. 13, S. 576–580.
Shils, Edward A. (1956), The Torment of Secrecy. The Background and Consequences of American Security Policies, Melbourne, London, Toronto.

Siberski, Elias (1967), Untergrund und offene Gesellschaft. Zur Frage der strukturellen Deutung des sozialen Phänomens, Stuttgart.
Sievers, Burkard (1971), System – Organisation – Gesellschaft. Niklas Luhmanns Theorie sozialer Systeme, Jahrbuch für Sozialwissenschaft 22, S. 24–57.
Sievers, Mechthild (1969), Ideologie und Gesundheit. Zur Funktion eines allgemein anerkannten Wertes, Manuskript.
Simmel, Georg (1906 a), Psychologie der Diskretion. Der Tag. Berlin, 2. und 4. September.
–, (1908 a), Soziologie. Untersuchungen über die Formen der Vergesellschaftung, Leipzig.
–, (1911 b), Philosophische Kultur. Gesammelte Essays, Leipzig.
Slater, Philip (1963), On Social Regression, American Sociological Review 28, S. 339–364.
Spiegelgespräch (1962), Geheim ist, was den Ämtern nützt. – Spiegel-Gespräch mit der amerikanischen Journalistin Marguerite Higgins, Der Spiegel 16, Nr. 49, S. 56–63.
Stern, Clara und William (1909), Erinnerung, Aussage und Lüge in der ersten Kindheit, Leipzig.
Stinchcombe, Arthur L. (1963), Institutions of Privacy in the Determination of Police Administrative Practice, American Journal of Sociology 69, S. 150–160.
Stok, Wilhelm (1929), Geheimnis, Lüge und Mißverständnis. Eine beziehungswissenschaftliche Untersuchung. Heft II der ‚Beiträge zur Beziehungslehre', hrsg. von Leopold von Wiese, München, Leipzig.
Strauss, Anselm L. (1968), Spiegel und Masken. Die Suche nach Identität, Frankfurt.
–, Barney G. Glaser (1970), Patterns of Dying, in: Orville G. Brim, Jr., Howard E. Freeman, Sol Levine, Norman A. Scotch (Hrsg.), The Dying Patient, New York, S. 129–155.
Sykes, Gresham M./David Matza (1967), Techniques of Neutralization: A Theory of Delinquency, American Sociological Review 22, S. 664–670.

Tembrock, Günter (1961), Verhaltensforschung. Eine Einführung in die Tier-Ethologie, Jena.
Thompson, James D./William J. McEwen (1958), Organizational Goals and Environment: Goal-Setting as an Interaction Process, American Sociological Review 23, S. 23–31.
Thompson, Victor A. (1965), Bureaucracy and Innovation, Adminstrative Science Quarterly 10, S. 1–20.
Thurnwald, Richard (1927), Die Lüge in der primitiven Kultur, in: Otto Lippmann/Paul Plaut (Hrsg.), Die Lüge in psychologischer, philosophischer, juristischer, pädagogischer, historischer, soziologischer, sprach- und literaturwissenschaftlicher und entwicklungsgeschichtlicher Betrachtung, Leipzig, S. 396–413.
Tiryakian, Edward A. (1968 a), Rezension von Goffman (1967 b), American Sociological Review 33, S. 462 f.
Truzzi, Marcello (Hrsg.) (1968), Sociology and Everyday Life, Englewood Cliffs, N. J.

Waider, Heribert (1965), Grenzbereiche der Geheimbündelei (§ 128 StGB), Zeitschrift für die gesamte Strafrechtswissenschaft 77, S. 579–633.
Watzlawick, Paul/Janet H. Beavin/Don D. Jackson (1969), Menschliche Kommunikation. Formen, Störungen, Paradoxien, Bern, Stuttgart.
Weakland, John H. (1969), "Double-Bind"-Hypothese und Dreier-Beziehung, in: Schizophrenie und Familie, Frankfurt, S. 221–244.
Weber, Georg (1971), Anspruch und Wirklichkeit. Soziologische Aspekte zur Sozialarbeiterausbildung, Manuskript, Münster.
Weinrich, Harald (1966), Linguistik der Lüge. Kann Sprache die Gedanken verbergen? Antwort auf die Preisfrage der Deutschen Akademie für Sprache und Dichtung vom Jahre 1964, Heidelberg.
Weitman, Sasha R. (1970), Intimacies: Notes toward a Theory of Social Inclusion and Exclusion, Europäisches Archiv für Soziologie 11, S. 348–367.
Westley, William A. (1953), Violence and the Police, American Journal of Sociology 59, S. 34–41.
–, (1955/56), Secrecy and the Police, Social Forces 34, S. 254–257.
Wickler, Wolfgang (1969), Verständigungssysteme bei Tieren, in: Haseloff (1969 a), S. 19–28.
Wiebel, Bernhard (1970), Das Berufsgeheimnis in den freien Berufen. Untersuchungen zur Soziologie und Geschichte der Berufe des Arztes, Rechtsanwaltes und Strafverteidigers, Köln, Opladen.

Register

GPSR Compliance

The European Union's (EU) General Product Safety Regulation (GPSR) is a set of rules that requires consumer products to be safe and our obligations to ensure this.

If you have any concerns about our products, you can contact us on ProductSafety@springernature.com

In case Publisher is established outside the EU, the EU authorized representative is:

Springer Nature Customer Service Center GmbH
Europaplatz 3
69115 Heidelberg, Germany

Batch number: 10809468

Printed by Printforce, the Netherlands